人生の「絶対」を信じて生きた

# 杉村太郎、愛とその死

杉村貴子

河出書房新社・茉莉花社

# 序　いまもわたしの心のなかに生きている人

杉村太郎という名前を、まだ覚えていてくれるだろうか。

若いころは、「シャインズ」という二人組の歌手をしていたが、その後「我究館」と「プレゼンス」というスクールを創業し、「絶対内定」「アツイコトバ」という書籍を通じても、人々の人生を輝かせることにその命を燃やした人であった。

彼は二〇一一年に原発不明癌という、あまり聞き慣れない病で死んでしまったが、四十七年という、現代の基準からいえばけっして長くない人生を通して、多くの人の心にメッセージを刻んでいった。

杉村太郎の人生を、彼が残した言葉で表現するならば、

「重心を下げ」、「エネルギーを高めて、引力を出しつづけた」彼は、「死ぬ気でやれよ、死なないから」というほど本気でその人生を生きた。

そして「人の心のなかに棲め」といった言葉どおり、

彼はいまでもわたしの心のなかに棲み、呼吸し、生きている。

ということだろうか。

彼はわたしの心のなかでまだ生きている。このことだけは間違いない。

杉村太郎はその人生を、まるで彗星のように光りながら駆け抜けるように逝ってしまったが、彼は人間について、人生について、そして生きるということについて、どう考えていたのか。そして、彼は自分の人生を通して、なにを実現したかったのだろうか。

彼が死んで五年もの月日が経ったが、わたしはいまでも、そのことをずっと考えつづけている。

そして彼が死に臨んだ、最後の日々に考えつづけていたことを、伝えられないものかと思っている。

杉村太郎が生きた証《あかし》をここに記す。

## 【幼年・少年時代】

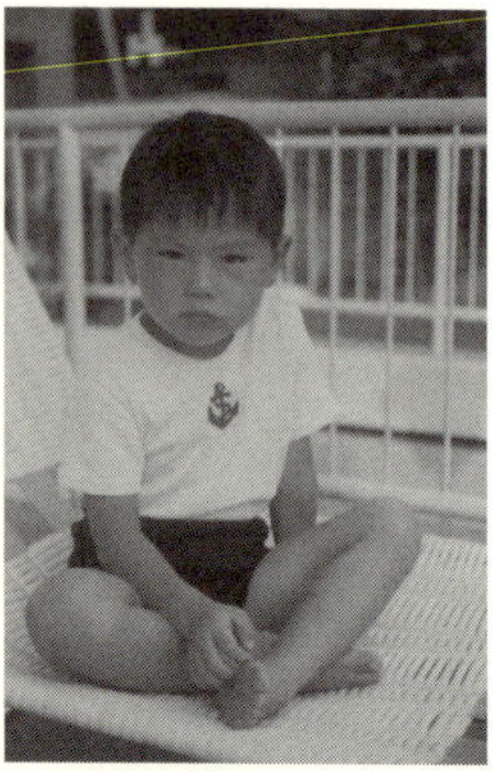

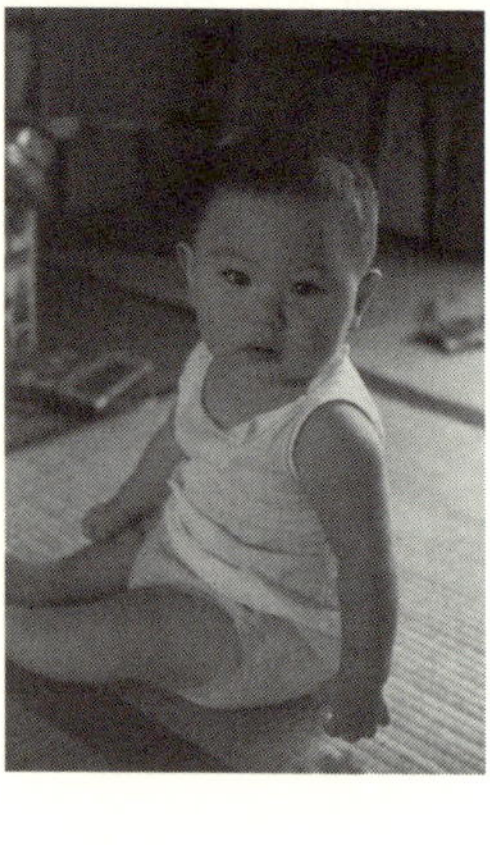

太郎の母の祖父はイギリス人だったという。八分の一アングロ・サクソンの血が混じっていたことになる。子供の彼の表情もなんとなくエキゾチックだ。高校は高偏差値、進学校で有名な横浜の聖光学院。大学は慶應義塾。スポーツと音楽が大好きな少年だったという。

【シャインズ】

大学卒業後、最初、住友商事に就職。在職中に、大学時代の同窓生だった伊藤洋介とコンビを組み、うたうサラリーマンをコンセプトにしたデュォ、「シャインズ」を結成。1989 年に秋元康氏のプロデュースでデビュー。
自分たちで作詞した「私の彼はサラリーマン」など、日本のサラリーマンをテーマにした一連のコミックソングでヒットを連発した。

## 【絶対内定'95】

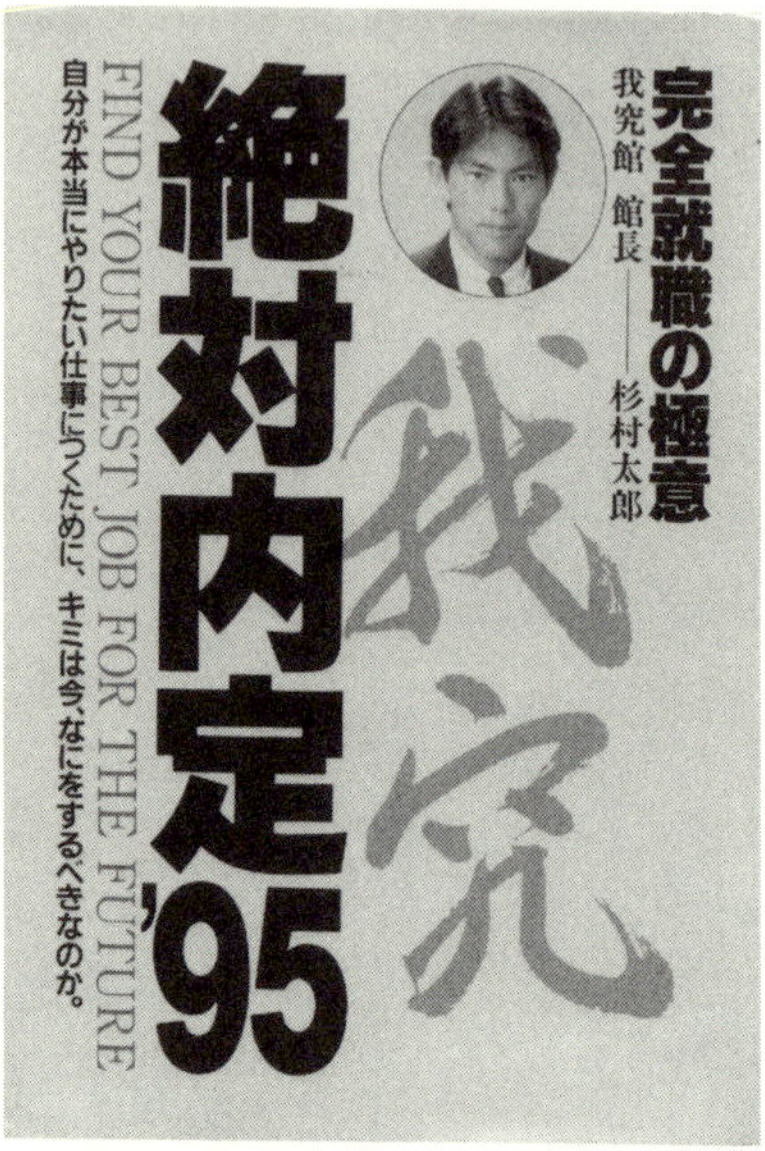


『絶対内定』は１９９４年１月に、最初はマガジンハウスの書籍出版局から年刊シリーズ本として企画され『絶対内定'95』が創刊された。

当時、この本を担当した編集者は雑誌の『ガリバー』の編集長を退任したばかりの塩澤幸登だった。

帯の惹句に〝初めての奇跡の就職本〟とあり「この本のワークシートをひとつひとつ丹念に解いていくと、キミはいつの間にか志望企業へのトップ内定さえ夢ではない優秀な人材に変化していくことが出来る」と書かれていた。

発売後、本書は衝撃的な反響を呼び、短期間のあいだに１万８千部あまりを売り尽くし、杉村太郎と我究館の将来を決定的なものにした。

その後、２００１年の塩澤のマガジンハウス退社にともない『絶対内定』はダイヤモンド社に移籍し、現在もロングセラーをつづけている。版元の変更は杉村の意志だったと聞いている。（塩）

人生の「絶対」を信じて生きた

# 杉村太郎、愛とその死

●目次

装幀　TSTJ
奥村靫正
米川智陽
カバー写真提供　杉村貴子
本文写真提供　ジャパンビジネスラボ
我究館
プレゼンス
毎日新聞社
編集　塩澤幸登
本文デザイン　茉莉花社編集部
日本音楽著作権協会（出）許諾第1614822—601号

# 第一章　発病

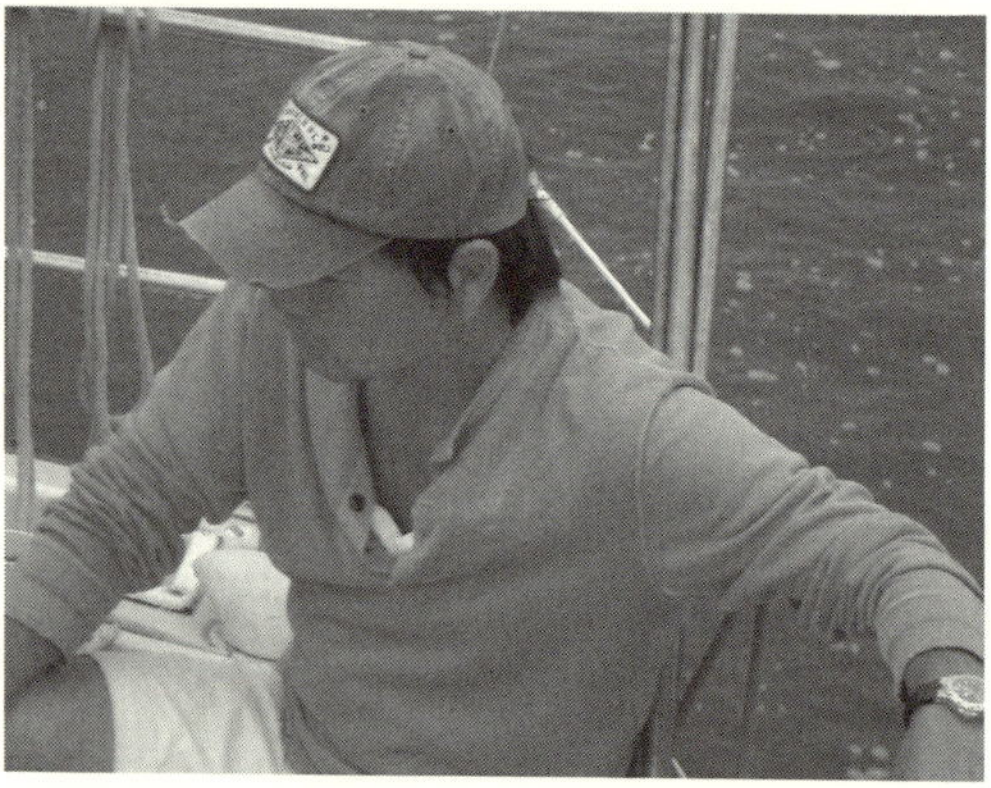

【海】

とにかく海が大好きだった。上の写真はマサチューセッツ州ノースショアのグロスターの海岸にて、娘の愛莉と並んですわり海を見る。杉村はこのアメリカ最古の海港をこよなく愛していたという。
下の写真は逗子の海岸でクルージングを楽しむ杉村。クビの部分にうっすらとだが手術痕が垣間見えた。

「確率」ではなく、「可能性」にかけろ。

『アツイコトバ』12ページより引用。

杉村太郎は決して長くない人生のなかで、多くのコトバを残していった。

その杉村太郎が、人生の最期まで追求していたのが、「絶対」という生き方であった。彼はその波乱万丈な人生において、どんな時でも「絶対」を信じつづけることで、ピンチをチャンスに変え、人生を謳歌しながら走り抜けていった。


人生には、ほんとうになにが起こるか分からない。


わたし自身も、一九九四年に太郎さんと出会った時に、まだ二十歳だったが、目の前の男性が人生の伴侶になるとは夢にも思っていなかったし、九十八年に結婚したときにも、これから先の結婚生活に、これ程の試練が待ち構えているなど想像すらしなかった。

その後の結婚生活は、十三年と六日、４７５６日という、それほど長くない時間だったかもしれないが、日数では計り知れないほど、濃く、尊い時間を、彼と過ごせたと思っている。

太郎さんは死に臨んだ最期の言葉として、

「やりたいことは、次々と出て来てきりがないと思うけれど、うん、やり残したことは、ない」

と、絞り出すような声で言っていた。

「序」にも書いたが、太郎さんは人生を通し、なにを成し遂げたかったのか。社会になにを残したかったのだろうか。

わたしの知る限りの杉村太郎の生きた姿をここに書き残したいと思っている。

４７５６日間のわたしたちの結婚生活は、大きく分けて二つの時期に分けられる。前半が、夢に近づくためのアメリカ留学の時期であり、後半が闘病ということになる。

一見して、双方になんら関係性はないように感じられるかもしれないが、じつは切っても切り離せないほど深いつながりがある。

いま思い返すと、留学中の日々は、プレッシャーを感じながらも、現実とはかけ離れた、夢のような日々を過ごしていたと思う。

それが、帰国してからはすべて一変した。太郎さんは、会社の整備と事業拡大に追われる日々を送っていた。

そして帰国後、半年も経たないうちに、家族の中心であった太郎さんの父親が急逝し、それまで当然のように感じていた幸せな日常の日々が、いかに尊いものであったかを、わたしたちは痛感することとなった。

そんな目まぐるしい日々を送るなか、太郎さんはことあるごとに、

「海に行きたい」

「海を見たい」

と言っていた。

それほどまでに海を欲していたのに、行けなかったのには理由があった。

あとで少しずつ説明をするが、押し寄せる波のごとく、彼が向き合わなければならなかった問題が次々と発生していたからだった。

それこそ、帰国してからの太郎さんは、精神も肉体も、ストレスで悲鳴をあげていたのではないだろうか。

これは太郎さんの弱点でもあるのだが、弱音を吐くことが苦手だった太郎さんは、強い意志で、その感情を押し殺していたのではないかと思う。

太郎さんをなにかに例えるならば、宇宙の超新星とでもいおうか。人並み以上の体力と精神力をもち、そのエネルギーの高さから、引力で多くのものを引き寄せていった。

太郎さんが残した「人の心に棲め」というコトバ通り、彼が多くの人の心を掴んで離さなかったのも、そのエネルギーの高さゆえだったのではないかと思う。

そしてその引力は、自分自身の不安やストレスといった負のエネルギーも引き寄せ、内に溜めこんで、吐き出すことができなかったのではないかと思う。

その後の超新星の行く末はどうなるか。

ますます高速回転に拍車がかかり、自分の重力にさえ耐えられなくなって、爆発をして自らを壊し、……ブラックホールとなるのだ。

太郎さん自身も、溢れるエネルギーにブレーキが利かなくなり、結果として肉体の限界を超えてしまったのではないかと思っている。

彼が身体のバランスを崩し始めていたころ、彼の第六感は、エネルギーの源泉でもある海を渇望していたのだろう。

ちょうどその時、太郎さんは会社の検診で人間ドックに入っている。

彼からは、

「ここのところ、体調がすぐれない」

とも聞いていたので、検査結果を心配しながら待っていたのだが、結果が出ると、太郎さんは、

「たこぴ、このあいだの人間ドック、異常なかったよ」

と、どこか安心したような表情を見せていた。

たこぴというのは、太郎さんがわたしを呼ぶ時の愛称である。わたしの動きがちょこまかしているとのことで、たこぴと呼ばれるようになった。

太郎さんから「異常なし」という言葉を聞いて、わたしも胸をなでおろした。我究館、プレゼンスを運営するＪＢＬ（ジャパンビジネスラボ）の経営という重責だけでなく、彼の父親の死を受け、相続の事務作業、つづいて彼の母親ががんになり、手術、サポートと、プライベートにおいても、過労が重なる状態がつづいていた。

本人も体調不良を訴えていたので、なにかあったらどうしようと、わたしも心配していたのだった。

わたしも太郎さんの検診結果に目を通しながら、「異常なし」の文字を見つけて、安堵したことを覚えている。

「太郎さん、あまり無理しすぎないでよ。まだ愛莉《めりい》だって四歳なんだからね。まだまだ、パパが必要だよ」

娘のことを挙げながら、じつはわたしが一番太郎さんを必要としていたのだった。

当時のわたしは、日本に帰国してから、少しずつマスコミで仕事を始めていたが、まだ一人で子供を育てるだけの実力も経済力もなかった。

そんな二〇〇四年の春、日の光から温かさを感じられる季節になり、太郎さんは「海に行きたい」とひとり言のように呟いていたのだった。

そんなある日、太郎さんが首の付け根あたりを擦《さす》りながら話しかけてきた。

「たこぴ、ここになにかある？」

わたしは、先日の人間ドックの「異常なし」という検査結果に安心していたので、ほんの軽い気持ちで、太郎さんが擦っているあたりを見てみると、確かに少し盛りあがっているように見えた。

わたしも人差し指と中指をその部分にあててみると、思っていたよりも硬いしこりが感じられた。

「たこぴ、これ、なんだとおもう？」

「痒いとか、痛いとか、なにか症状はないの？」

「いや、まったくなにも感じないいんだけど、最初に気付いた時より、少し大きくなっているような気がするんだよね」

「そうなんだ…。わたしにはよく分からないから、一度、病院に行ってみたら？」

「そうだね。何科にいけばいいんだろう」

「内科かな…。受付で症状を説明して、診療科につないでもらったらいいんじゃない？」

「そうだね、ちょっと行ってみるね」

こうして、太郎さんは、自宅近くの大学病院に向かった。

ちょうどこのころには、彼の母親もがんの手術を無事終え、快方に向かっていた。

毎日お見舞いに行くなどしていた太郎さんも、少し安堵の表情がみられるようになっていた、そんな矢先の出来事であった。


太郎さんは、大学病院で耳鼻咽喉科に回されたらしかった。

通常の診察を受けたところ、しこりは細菌性からきている可能性が高いとのことで、抗生物質を処方されて帰ってきた。

この薬を飲んで、まず様子を見てみましょうということらしかった。

しかし薬を飲み切っても、一向にしこりは小さくはならなかった。

ふたたび診察を受け、他の薬が処方された。

今度こそ、薬も効いて快方に向かうだろうと思っていたが、しこりは気持ち大きくなっているようだった。その後の診察では、原因を特定すべく、レントゲンやＣＴなどの精密検査を受けたようだった。

それでも、首のしこりの原因は特定できなかった。

病院に行く前と比べても、しこりは確実に大きく、目立つようになっていた。

そんなある日、太郎さんは、大学病院から一通の封筒を持って帰ってきた。

独立行政法人 国立病院機構の耳鼻咽喉科に紹介されたという。

「太郎さん、まだ原因が分からないんだね」

「いくつか検査はしてもらったんだけど、原因が分からないっていうんだよ。もう少し規模の大きい病院でしっかり検査してもらうようにって紹介状を書いてもらったから、来週行ってくるね」

この紹介された病院は、太郎さんの父親が搬送されて亡くなった場所でもあったので、足が遠のいていた病院ではあったが、そんなことを気にするより、原因を突き止めてくれるはずだと信じていた。

この時には、最初に診察を受けた時から、既に半年近い月日がたっていたのだった。

「できるだけ早く、病院に行って調べてもらってね」

とわたしも太郎さんにお願いしたが、彼自身も日に日に大きくなっていくしこりが気になっていたようだった。

しかし、医師からはそれほど切迫感は感じられなかった。

最初の診察をして、翌々週に検査予約を入れ、更に翌々週に検査結果を聞きにいくといった調子で、基本的には二〜三週間ごとに診察と検査を交互に入れていたようだった。

日にちは経過しても、原因は特定できず、しこりは大きくなっていった。

いらだちを覚えていたわたしの唯一の心のよりどころは、あの人間ドックの「異常なし」

という検査結果だけであった。

しかし、その後も様々な検査を受けても、原因は不明だというのだ。

太郎さん本人が誰より、不安を感じていただろう。

彼はインターネットで、しこりをともなう病を調べまくっていた。

そこで、ある珍しい病のデータに遭遇した。

まさかこの病気ではないだろうが、自分の症状によく似ている。

この病かどうかを特定するためには、しこりから組織を直接採取する検査が必要だということだった。

彼ははやる気持ちを抑えながら、次の予約が入っていた診察で、医師に願い出た。

「わたしの首のしこりから、直接、組織を採取して調べてください」

いまとなっては信じられないことだが、ここまでの約九ヶ月間、しこりを直接調べるという検査、すなわち生検を、一度も受けていなかったのだ。

医師は、太郎さんがインターネットから印刷してきた資料に目を通してこう言ったという。

「わたしは、これまで、この疾病を直接診たことはないですが、杉村さんが希望するならば、念のために生検にまわして検査してみましょう」

太郎さんは、この時、医師にこうも依頼したという。

「もし検査で陽性と出たら、二週間後の診察予約の日まで待たずに、早めに連絡をいただけませんか」

太郎さんからの要望に対して医師も、

「毎日、あがってくる検査結果には目を通しているので、なにか緊急なことが分かったら、その時点でご連絡します。大丈夫ですよ、わたしがしっかり杉村さんを診ますから」

こう言ってくれたという。太郎さんは、その言葉がどれほど嬉しかったか、心強かったかと、わたしに話していた。

こうして太郎さんは、初めて首のしこりに注射器をさし、組織を抽出したのである。


そして一週間が経過したが、医師から連絡はなかった。

その後も、わたしは毎日、電話がかかってこないようにと、祈るような気持ちで過ごしていた。そして、予約を入れていた診察の日を迎えた。この二週間、医師から連絡がなかったことは、良い知らせのはずだ。

わたしは胸をなでおろしていたが、太郎さんは、そうでもないようだった。

わたしは、そんな太郎さんに
「大丈夫だから。先生は、なにか問題があったら、その時点で電話をしてくれるって言ってたんでしょう？　電話がかかってこなかったんだから、大丈夫。安心していってきてね」

そう言って、彼の背中を送り出したのだったが、太郎さんが診察を受けているであろう時間中、やはりわたしもソワソワしながら、太郎さんからの電話を祈るような気持ちで待っていた。

太郎さんから電話が入ったのは、夕方ころだっただろうか。

「もしもし、太郎さん？」

「あ、たこぴ？」

すこし、元気がないような感じがした。

「どうだった？　大丈夫だったでしょう？」

「ん？…　がんだっていうんだ」

一瞬、時間が止まった。


嘘でしょう。あの「異常なし」の検査結果はなんだったの。

なぜ、これからという時に、太郎さんががんになるの？

神様、なにかのまちがいですよね。どうか、まちがいであってください。

人生とは、なんなんだろう。
なんのために、このような試練が与えられるのだろう。
このときから、わたしたちの新しい人生が始まったといっても過言ではない。

# 第二章　出会い

## 【我究館創立】

1992年に芸能活動をやめて大学生たちのための就職塾、我究館を創設。
最初は本当に小さな赤坂のワンルームのマンションから始まった。上段写真は我究館を始めたころの杉村。中段の写真は第1期生の卒業式で卒業証書を授与する杉村。
最初の年の卒業生は50人程度の集団だった。写真下段は5年後、第5期生の卒業式の時の集合写真。このころには250人という規模の大きな集団に成長している。

人が滅多にしない経験をしろ、
人が滅多にしていないようなレベルで。

『アツイコトバ』　10ページより引用。

わたしが太郎さんと初めて出会ったのは一九九四（平成六）年の秋のことだった。

そのときわたしは、就職活動を目前に控えていた大学三年生で、太郎さんはキャリアデザインスクール「我究館」を創業してから、四年目の秋を迎えたころであった。

当時のわたしは、大学の合間を縫って、東京都のボランティアや、国際交流を行う大学生のイベント活動に参加するなど、積極的な大学生活を送っていた。

そしてこの時期にイベント活動を通じて知り合ったG先輩が、のちのわたしの人生を大きく変えるキーパーソンとなる。G先輩は我究館の二期生で、第一志望の都銀にトップ内定したあと、残りの大学生活の多くを、〝我究館の杉村太郎〟という人を手伝うなどして過ごしているとのことだった。

ある日、そのG先輩がわたしたち後輩に、「今度、僕が尊敬している杉村太郎さんという人を紹介したいと思っているんだけど、会ってみたい人いる？」と声をかけていたので、わたしもちょっとした興味から、みんなと一緒に「杉村太郎」という人に会いにいくことにした。

向かった先は、表参道のとあるおしゃれなレストラン。

学生だったわたしたちにとって、少し背伸びをするようなお店だった。

そこでしばらく待っていると、ワイワイと楽しそうなグループがお店に入ってきた。

その中心でひときわ目立つほど日焼けした男性がいた。それが、わたしの将来の夫になる男性だとは、このとき思いもしなかった。

太郎さんの第一印象は、なによりもその鋭い目が印象的で、ノリノリで楽しそうな雰囲気のなかにギラギラ感がみなぎり、動物に例えると黒ヒョウのようだった。

しかしそれと対照的に、時々見せるなんともいえないほど優しい、ウサギのような目がとても印象的だった。そして周りの人たちの態度や雰囲気から、太郎さんがいかにその人たちから慕われ愛されているかが、とてもよく伝わってきた。

わたしは太郎さんの斜め前の席に座ることになり、太郎さんが楽しそうに会話をしているのを眺めていた時に、突然、太郎さんが「ところで、福田さん（杉村貴子の旧姓）の夢はなんですか？」と質問をしてきたのだった。

突然、あまりにも真剣な太郎さんの視線を受け、わたしは珍しく固まってしまったことを覚えている。

真っ直ぐにわたしの目を見つめてくる太郎さんの目は、微動だにせず、まるで奥深い井戸を覗き込んだかのように、わたしの時間が一瞬止まったかのようであった。

まるで、自分の心の奥底まで見透されているような怖ささえも感じた。〈この人には、取り繕った言葉は見透かされる〉と、言葉を発することに戸惑いを感じたほどだった。

みんなはなぜこの人と、こんなにも親しく打ちとけられるんだろうと思う一方で、わたしは結局太郎さんとほとんど会話することもできずに帰宅したが、不思議なことに、その日から「杉村太郎」という人が、わたしの心のなかに棲むようになっていた。

その後、G先輩と一緒に数回ほど太郎さんに会う機会があったが、最も印象に残っているのは、やはり太郎さんの目である。

どこかしら、鋭いなかにもとてもあたたかさを感じさせる目。彼は誰よりも人を愛し、仲間を求め、仲間を大切にしていた。その真剣な想いが相手にも伝わり、あれだけ多くの人から愛されていたのだと思う。

そんな太郎さんを語るのに切りはなせないことがある。それは、太郎さんが最も尊敬し、影響を受けたという父親、彰の存在である。

父は太郎さんに輪をかけたような壮大な人間で、強靭な心の持ち主でもあった。

それこそ太郎さんが生涯をかけてつらぬいた「とにかく前へ進め」という言葉も、じつは父が太郎さんに残したものであった。

そんな杉村家のルーツは肥後細川家の家臣であり、初代熊本市長の杉村大八も親戚にあたる。

父である彰は昭和三年、七人兄弟の上から三番目に、杉村家の嫡男として生まれた。当時、彰の父親である實は、熊本市内で鉄工所を営んでおり、それなりに羽振りの良い生活を送っていたようであった。しかし昭和十三年に一家の大黒柱であった實が五十四歳の若さで急逝し、その後、鉄工所の経営権までもが他人にわたり、一家の生活は一変した。

彰が、僅か十歳のときであった。

父は一家に残された唯一の男児として、幼い姉妹たちをなんとしてでも守ること、そして杉村家のためにも「とにかく前へ進む」ことを、阿蘇に沈む大きな太陽に向かって誓ったという。

それからの父は、家族を守るため、姉妹たちを守るために、力仕事にも汗を流し働きつづけた。そして海軍兵学校に入学後には、妹たちの父兄参観に学ラン姿で出席するなどして、立派に妹たちを育て上げた。そんな父のことを、おばあさんになった父の妹たちは、いまだに「スモール父ちゃん」と呼んでいる。

そのような父だが、戦後に独学で学んだ英語力が評価され、米軍基地で通訳として働くことになる。持ち前の人間力で米軍人ともすぐに親しくなり、杉村家には米軍人が出入りするようになっていった。

そしてそれがきっかけとなり、姉が国際結婚したことを機に、妹たちもあとにつづいた。そのうちの一人、準ミス熊本にもなった妹がアメリカに嫁ぐ時には、杉村家に代々伝わっていた家宝の刀を差し出し、「異国の地でなにかあったら、これを売ってお金にしなさい。必ず幸せになるんだよ」と言って、妹を嫁に送り出したという。

その後、父は熊本を離れて上京し、太郎の母になる公子と出会う。

公子の祖父はイギリス人で、父親は千葉の鴨川市で働く役人だったそうだが、公子が中学生の時に父を亡くし、母と姉の女三人で力を合わせて生きてきた女性だった。

九州の地で、十歳という若さで父親を亡くし、妹たちの父親代わりとなって逞しく生きてきた青年と、房総半島で若くして父親を亡くし、父性を求めながらも力強く生きていた女性が、広大な都市、東京でめぐり会えたのは、まさに運命としかいいようがない。

母はよく「次の人生もまたお父さんと一緒になりたい」と言うほどに父を愛し、羨ましいほど仲の良い夫婦であった。

そんな二人が引き寄せあうように出会い、結婚し、待望の第一子が母のお腹に宿った時、父はまだ性別も分からない我が子の名前を、太陽の子「太郎」と名付け、毎日お腹の子に向かって「太郎、太郎」と呼びかけていたという。

第一子は女児であったが、それでも父はしばらくのあいだ、太郎の姉のことを、「太郎子」

と呼んでいたそうだ。

その二年後である一九六三（昭和三十八）年十一月十日に、待望の嫡男［杉村太郎］が誕生した際には、だれよりも家を守ることに命を捧げてきた父にとって、長男の誕生は相当な喜びであったであろう。

わたしが父に初めて会った時も、父は太郎さんのことを「命」と呼ぶほどに、愛情に溢れていた。

愛情を一杯受けて育った太郎さんも、また愛情溢れる人に成長し、それが原動力となって、人をどこまでも信じ愛することが出来る人間になったのだと思う。

太郎さんは我究館でよく「フルカップ理論」のことを話していた。それはまさにこういった自身の経験から来ていたのだと思う。

「フルカップ理論」というのは、人の心には、愛情で満たされるコップのような器があり、このコップから愛情が溢れ出る段階になって初めて、愛情を他に向けることが出来るようになるのだという考え方だった。親は自分の子どものコップをいかに満たすべく愛情を注いであげるかが重要で、それがその子が人生を生き抜いていく自信と活力につながるというのだ。

そして、もしコップが満たされない状態で成長したとしても、自らの意識や努力で、いくらでもそのコップを満たすことはでき、その力となってくれるのが、仲間や家族の存在であるとも言っていた。

太郎さんが待望の長女に付けた名前「愛莉《めりい》　英語名：ＭＡＲＹ」には、「父と母がどれほどあなたを愛しているか」を表し、また彼女自身が、愛情をもって多くの人を幸せに導けるマリアのような女性になってほしいとの想いを込めていた。


父親の彰は、結婚後、セールスマンをしながら広く人脈を構築していった。

その後に独立し、豊富な人材力を誇るコンサルティング会社を設立した。

次第にコンサルティングの分野も、開発途上国である東南アジア諸国の開発支援に主眼を置くようになり、自ら現地でリサーチをおこない、政府と民間企業をつなぎ、一大プロジェクトの一翼を担うほどになっていった。

太郎さんが幼稚園の時には、高度経済成長の勢いもあり父親の事業も軌道に乗り、太郎さんはとても裕福な幼少期を送っていたようだった。神奈川県の津田山にあった自宅の玄関には滝が流れ、庭には綺麗に整備された芝が敷き詰められ屋外プールもあった。

太郎さんと姉、妹はなに不自由ない生活を送っていたようだった。

こんな話もある。

自宅から最寄り駅に行くバス停前に、小さな商店があった。バスを待ちながら、その店で買ってもらう瓶入りヨーグルトを食べるのが太郎さんの楽しみであった。

ある日、ヨーグルトを食べながらバスを待っていたが、なかなかバスが来ない。母にもう一個のヨーグルトをせがみ、二個目を食べていた。そして三個目を食べようとしたとき店主が、「まだ瓶のなかにこんなに残っているでしょう。キレイに食べ終わってから次の一個を買ってあげなさい」と母に注意をしたという。それからは、母が怒られるのが嫌で大好物のヨーグルトをせがまなくなったそうだが、わたしと結婚したあとに瓶入りヨーグルトをみつけると、あの味が懐かしいといって嬉しそうに買っていた。

太郎さんは豊かな恵まれた環境で、じつにノビノビと成長していったようだった。天真爛漫な性格から近所のひとたちからも可愛がられ、家族のなかでも太郎さんの誕生日にだけ、近所のおばさんが赤飯を炊いて届けてくれたそうだ。

しかし、人生とは本当になにが起こるか分からない。それを最初に身をもって経験したのが、太郎さんが十歳になる年のことだった。

父親の仕事が失敗したのである。政権交代があって携わっていたプロジェクトが白紙撤回となり、太郎さんの父親がすべての責任を被ることになったという。その借金返済のため、家族の思い出が詰まった自慢の家も、車も、すべてを手放さなくてはならなくなった。父だけが東京に残り事業を立て直し、家族は父の故郷である熊本に帰ることになった。

父親はある日、子供たちをリビングに呼び、土下座をして家族に謝ったという。

「父さんの仕事が失敗して、家族に迷惑をかけることになって、すまん」

姉も妹も父親のその姿を見て、声をあげて泣いていたという。

一方で太郎さんは涙をこらえて、

「僕が悪い子だったから、お父さんの仕事がダメになったの？」

と、つぶやくような声で父親に問いかけたという。

その言葉を聞いて、父は顔をあげることができず、ひざまずいたまま涙をこぼしつづけていた。それが息子が見た、最初で最後の父親の涙だった。

太郎さんにとって、偉大で壮大な父親でさえも失敗をするのだという、この強烈な経験が、のちの彼の人生に大きなインパクトを与えることになる。

太郎さんの母親から聞いた話だが、その後、太郎さんは一人でほうきとちりとりを手に取り、黙々と家中を掃除していたという。母が
「太郎、もうそろそろ止めにして、ご飯を食べよう」

と話しかけても、

「僕が少しでもお家をきれいにすれば、お家が高く売れるでしょう」

と言って掃除をつづけたという。

その後、熊本に発つ日に、近所に挨拶に行くと、あの、とてもかわいがってくれてお赤飯を炊いてくれたおばさんから母は、

「辛いでしょうけれど、この経験は必ず太郎ちゃんにとってかけがえのない経験になるからね」

と言われて送り出されたのだという。

そして、その言葉の通り、彼は熊本の地で、彼の人生の宝となる多くの仲間たちと出会い、阿蘇の大自然のなかで、なにものにも換えがたい経験をして、逞《たくま》しく、やさしく成長していったのであった。

# 第三章　結婚

【結婚式・新婚旅行】

写真上段、1998年8月15日にホテル・ニューオータニで結婚式を挙げた。太郎34歳、貴子24歳だった。このころにはすでに彼はアメリカ留学の実現を考え始めていたという。中段の写真は披露宴のパーティーで紹介され緊張気味の新婦。
下段の二枚の写真は新婚旅行でいったギリシヤのミコノス島。レンタルバイクを借りて、夕刻、海に沈む太陽をみようと島の中を走り回った。下段左の写真は貴子が撮影した太郎の後ろ姿、右はセルフタイマーで撮ったもの。98年8月20日の日付がある。

人はしょせん一人だ、そして絶対に一人ではない。

『アツイコトバ』 52ページより引用

『絶対内定』と並んで杉村太郎の代表的な著作である『アツイコトバ』のなかに「人はしょせん一人だ。そして、絶対に一人ではない」という言葉がある。

このコトバもわたしにとっては、とても大切な言葉だ。

というのは、わたしたちが結婚するにいたった経緯に関係があるからなのだが、わたしはこのセリフを、「人はしょせん一人だ。そして絶対に一人では（生きられ）ない」という意味として受け取っている。

わたしと太郎さんは、ある時から急に不思議な力が働き、互いに引き寄せられていった。

G先輩に太郎さんを紹介された日から、たしかに太郎さんはわたしの心のなかに居たが、それは〝我究館の杉村太郎さん〟という存在だった。

しかし、そのあとに偶然が重なり、彼との距離が急接近することになる。


わたしが大学を卒業した一九九七（平成九）年は、就職氷河期の真最中だった。

詳細は後述するが、わたしは東京都のボランティア活動後、大学三年生の時にテレビ朝日のアナウンス部に所属するお天気お姉さんの一人となった。

天気予報を担当していた情報番組のコメンテーターの方から、

「あなたがここで経験したことは、どの業界に進んでも必ず役に立つことばかりだと思うよ」

そう言われたことを思い出す。

チャンスの神様には前髪しかない、ということを聞いたことはあるだろうか。チャンスを掴むとは、神様がこちらを向いて微笑んでくれている時に、その前髪をしっかりと掴まなくてはならないということだそうだ。

わたしは大学二年生のころ、チャンスの神様に会っている。わたしは幼いころ、人の前で話すことは得意ではなく、自分の声にもコンプレックスを持っていた。そんなわたしが大学一年生の時、東京都のあるイベントで突然マイクを渡され、挨拶を求められたことがあった。わたしは一瞬躊躇したが、とにかく元気で明るく大きな声で挨拶をした。

その直後、元アナウンサーとして学生たちにボランティアでアナウンスを教えていたF先生から声をかけられた。

「あなたはとても良い声をしているから、鍛えればもっと良くなると思いますよ。勉強してみませんか」

自分の鼻にかかった声が好きではなかったわたしは、そんなわたしの声質を認めてもらえたことが嬉しくて、その後、F先生の自宅でおこなわれている勉強会に参加することになった。

先生の自宅で毎週開かれていた勉強会には大学生が数人集まり、F先生から指導を受けていて、わたしも発声練習の基礎から丁寧に教わったものだった。

それから半年くらいたったころだろうか。F先生のところに、東京モーターショーのナレーターの欠員オーディションの話が舞い込んできた。

当時の東京モーターショーは、ナレーターコンパニオンが目指す最高峰のイベントの一つで、本番一年前にはオーディションがはじまり、その後、半年くらいをかけ研修がおこなわれていた。

あとから聞いた話だが、当時、スバルのレガシイを担当するはずであった女性が妊娠され、本番ステージに立つことが難しくなったとのことだった。既に台詞も衣装も演出も決まっているなか、急遽、その女性にできるだけ似ている女性を探していたようだった。

そこにきて、わたしが偶然にも代役として選ばれたのだった。

他のナレーターの人たちは、経験豊富なプロばかり。

わたし自身、本番までの六ヵ月間、プロのナレーターと遜色がないよう、厳しい研修でたたきあげられた。

突然プロの世界に飛び込み、その厳しさに触れながらも、わたしはこの一大イベントを終えた時には、達成感と同時に、将来は話す仕事につきたいという思いが漠然と沸き起こってきていた。このあと、いくつかの仕事を経験するなかで、テレビ朝日の早朝番組でのお天気お姉さんとして、仕事をいただく機会を得た。

当然ながら、テレビで天気予報を担当するという以上、女子大生だから原稿読みが下手でも許されるというわけにはいかない。

当時、わたしは大学三年生という立場でありながら、その四月にテレビ朝日系列のテレビ局に入社された新人アナウンサーの方たちに交じって、アナウンス研修を受けることになった。

それこそ、音大の先生がグランドピアノを弾きながら、腹式呼吸や発声練習を教えてくれたり、ベテランアナウンサーがほぼマンツーマンで、実況中継の仕方、原稿の読み方、カメラの見方などを教えてくれた。

いま思い返すと、大学生のアルバイトとしては贅沢極まりない研修内容だったように思う。

それから数ヵ月後、朝五時五十五分から始まる「やじうま6」という情報番組のお天気担当に配属された。

朝三時半には家の前にタクシーが迎えに来て、当時アークヒルズにあった放送センターに向かった。衣装に着替えてヘアセットをしてもらっているあいだに自分でメイクをし、スタッフルームに向かうと、ウェザーセンターから原稿があがってきていた。あいているデスクに座って原稿チェックをしていると、あっという間に本番十五分前になっていた。

天気予報は、放送センターの地上階にある広場からライブで行っていた。

放送が終わると、すでにあがってきている視聴率を前に反省会をおこない、その後、スタッフの皆さんと食堂で朝食をとる。天気予報を担当している日は、そこから大学に通うという生活を送っていた。漠然と憧れて入ったテレビの世界だったが、公共の電波を使って発信する責任の重さと、その影響力の大きさを痛感した。

そして、ひとつのテレビ番組を放送するに際し、これだけ多くのプロが、真剣勝負で挑んでいる姿に圧倒された。

特に失敗が許されない生放送は、本番前には緊張の空気が流れていた。

自分がカメラの前に立った瞬間、わたしが最後のバトンを受け取ってカメラの前に立っているのかと思うと、頭が真っ白になるような瞬間もあった。

コメントする度に、それが正しかったのか、誰かを傷つけたり、迷惑をかけたりしていないか、気にしすぎるほど気にしていた。

生放送中でも、視聴者の方から指摘の電話があれば、内容次第では現場に直ぐに共有される。これらの経験は、相当な影響をわたしに与えたことにちがいなかった。

一方で、アナウンサーの就職活動は本試験よりも早い時期におこなわれていた。わたしもこの就職活動に挑んでいた。

二つのテレビ局の試験に生き残ったが、最終試験のスケジュールが重なってしまった。悩んだ末、一方を辞退し、最終に進んだ。

そして、そこを経て、約一ヵ月後におこなわれる本試験の最終役員面接に進む切符をもらったのだった。しかし、驚いたことに、その役員面接の控室には、これまでの試験で会ったことのなかった女性が突如あらわれ、結果として、その子に内定が出た。

ショックだった。わたしはなにを信じていいのか分からなくなった。

そこで悩み、考えぬいたあげく出した結論が、多くの世界を見て、もう一回り成長し、自信を付けてからこの世界に戻ってこようということだった。

心にそう誓い、ふたたび本気で就職活動に取り組みはじめ、ここでもあるコトバに救われることになる。

ある企業のOB訪問に行った時のことだ。

「就職活動、大変そうだけど、羨ましいよ。僕がもう一回就職活動ができるならば、もっとたくさんのOBと会って色々な会社を知りたいと思う。いまきみが着ているリクルートスーツは魔法のスーツなんだよ。そのスーツさえ着ていれば、社会人になってなかなか入れないところにも入れてくれるだろ。そんなチャンスは滅多にないんだよ。これを機に視野を広げて色々な会社を見てきてごらん」

そういって背中を押してくれたのである。

きっとこの時のわたしは、就職活動に対する不安を全身から漂わせていたのだと思う。

このコトバは、確実にわたしがふたたび前進する力となってくれた。

それからは興味がないと決めつけていた世界にも目を向けはじめたことで、いかに自分の視野が狭かったかを痛感し、その狭い視野でなにかを決めつけていたことに恥ずかしさも覚えていった。

いろいろな会社のさまざまな職種の方から生の話を聞かせてもらい、社会の仕組みを少しずつ理解できるようになっていった。

それはまさに、わたしが社会に出るために必要な一歩だったのだと思う。

それと同時に、自分はどのような問題意識を持っているのか、ひいては、社会にどう貢献したいのかが、自然と沸き上がってくる感覚を覚えていた。

「人は人からしか学び得ない」

という太郎さんのコトバがあるが、まさにそれを体感する日々のなかで、わたしはそのときもっとも進みたい業界、心から就きたいと思う職業を見つけた。

当時、世界の航空会社ランキング一位に選ばれていた日本航空の選考試験でのことだ。休憩時間に、フライトアテンダントの方が、紙コップに入ったお茶を出してくれた。

その一杯のお茶を通して、わたしは感動したのだ。

単価でいえば数十円程度のお茶かもしれないが、そのお茶の出し方一つで、就職の選考試験を受けにきたわたしたちまでもてなしてくれていると感じられたのだ。サービスという付加価値をつけることで、値段では計り知れない価値をつけることの絶大さに感動し、そのお茶が、とてもおいしく感じられた。

フライトアテンダントになれば、いろいろな場所に行って、多くの人との出会いや、多くの文化に触れる機会も得られるだろう。

しかし、それ以上に、人が作り出す「おもてなしの力」に魅了され、この会社の一員として働きたいと強く思ったのである。

いま、わたしが太郎さんから経営を引き継いでいるジャパンビジネスラボでも、教育機関でありながらも「顧客感動」を大切に掲げている。

わたしは、あとにつづいた面接でも、そのお茶の話を繰り返し、日本航空から内定をもらった。そして、わたしが日本航空に進んだことが、太郎さんとの距離を縮める運命の分かれ道だったのである。

日本航空に入社してからは、まるで義務教育に戻ったかのような細かい時間割が組まれ、約三ヵ月間は羽田の訓練所に通い厳しい研修を受けた。

その後、ＯＪＴとして実機での研修を受け、フライトアテンダントとして独り立ちするまでには、半年の期間が経過していた。

この研修を通して学んだことは、大きく分けて二つある。

ひとつは、おもてなしの心を、どのように表現し、形にしていくか。

そしてもう一つは、保安要員として、非常事態が起こった際に、どのように身を守り、人を助けるのかということであった。

双方に共通していることは、いかに機転を利かせ、想像力を働かせて、判断し実行するかである。わたしの人生において、どんな境遇におかれても、ピンチからチャンスを見出すよう本能が働くのも、このときに基礎を教えてもらえたからかもしれない。

そして、このフライトアテンダントという仕事はわたしにとても合っていた。

想像をはるかに超える楽しい世界が待っていた。

まず最初に、このあと、生涯の友になっていく同期生たちとの出会いがあった。

そして、自分が提供したサービスで、目の前のお客様がとても喜んでくれた時の充実感。

一ヵ月に七日前後はステイとなるので、そこで多くの文化に触れて感動を味わうことができた。

わたしはこの仕事についたことで常に一歩先を考えるくせが身に付いた。

フライトアテンダントという仕事は想像以上に体力や人に対する思いやりが必要だった。機転がきくチームワークも不可欠。

結局、この仕事のテーマは愛だ、とわたしは思っている。

ハードワークの時もあった。国内線では、一日に四便ものフライトを担当することも多々あり、体力や忍耐力も相当求められたと思うが、なによりも、そこで出会った同期の仲間は、いまでもわたしにとってかけがえのない親友である。

そのうちの一人K子さんが、ある日、フライトアテンダントの職業病ともいわれる腰痛を悪化させてしまった。仕事はやりがいもあり、とても楽しかったが、離着陸のたびに重力を受け、昇降体制のなかでも重いカートを押しつづけなければならない。何時間も立ちつづけなければならないこともある。そのような環境下で、腰痛を悪化させてしまっていたのだ。

時にはまっすぐ歩くこともままならないほどの痛みを感じるまでになり、彼女は真剣に転職を考えるようになっていた。

「たかちゃん、いろんな人に相談してみたんだけど、みんな優しい言葉はかけてくれるけど、それ以上のことはなかなか言ってくれないんだよね。なんかもう少し厳しくてもいいから、どうしなきゃダメだとか、こうしろとか、もっと意見を言ってもらいたいんだよね」

彼女が今後のキャリアについて真剣に悩んでいることを知った時、わたしの頭には、真っ先に杉村太郎さんの顔が浮かび上がったのだ。

わたしは太郎さんが書いた『絶対内定』は読んではいたが、我究館の学生だったわけではない。太郎さんに何度か会ったことはあったが、わたしはいつもG先輩の後ろから、すごい人だなと思ってみていただけだった。

不思議なことに、わたしは太郎さんに心を開いていなかったにもかかわらず、なぜか太郎さんを信頼していたのだ。きっと彼なら力になってくれるかもしれない。

でも、どうやって連絡を取ろうか。

これまでは、いつもG先輩と一緒に太郎さんには会いにいっていたので、わたしのことなど覚えているだろうか。あれこれ考えていてもきりがない。直接、我究館に電話してみようと思った。わたしは、案外、肝が据わる方なのである。

時期は、ホノルルマラソンの直前の十二月ころだったと思う。

こうしてわたしは初めて我究館に電話をした。

「もしもし、わたくし、G先輩の後輩で福田と申しますが、杉村太郎さんはいらっしゃいますか」

　すると電話口の男性が
「福田さん？　杉村太郎です。久しぶりだね」

　驚いたことに、電話に出たのが、あの杉村太郎さん本人だったのだ。

「あ、太郎さんですか？　ごぶさたしています。あの、以前、Ｇ先輩にご紹介いただいた福田ですが、覚えていらっしゃいますか？」

「もちろん覚えているよ。ところでどうしたの？」

「わたし、いま、日本航空で働いているんですが、同期が身体を少し壊してしまって転職で悩んでいるんです。一度、彼女に会っていただけませんか」

　いま思うと、わたしも凄い心臓である。

　しかし太郎さんは、

「ちょうど今週は空いているからよかった。いつでもいいですよ」

と言ってくれたのだ。

　このころの我究館は、毎年この時期になるとホノルルマラソンに参加するためにオフィスを閉めていたのだが、その年は原稿の対応かなにかで、太郎さんだけ日本に残らなくてはならなくなり、一人でオフィスで仕事をしていたというのだ。

そうでないと、超多忙な太郎さんが、こうも簡単にスケジュールを空けることはできないはずだった。

それから数日後、わたしは友人を連れて、以前、G先輩に連れていってもらった我究館のオフィスを訪れた。


わたしが最初に太郎さんに会ったころの我究館は骨董通りに面した、駅から少し離れたマンションの一室であったが、それからちょうど二年後、青山通り沿いのオフィスビルに移転していた。緊張しながらオフィスの扉を開けると、太郎さんは、まるで久しぶりに再会する親友を迎えるかのように、満面の笑みでわたしたちを迎え入れてくれた。

わたしは早速、友人を太郎さんに紹介した。

「こんにちは。杉村太郎です」

彼はどんな時もフルネームで自己紹介をしていた。特に太郎という名前を誇りに思っていた。それこそアメリカに留学していた時、カジュアルなレストランでお皿を運んできてくれたウェイトレスが
「ようこそ、わたしはＪａｎｅ。なにかあったらいつでも声をかけてくださいね」

とフレンドリーに挨拶をしてくると、太郎さんも負けじと、

「僕はＴａｒｏ。英語ではタロ芋（Taro）と同じ発音だけど、日本語では太陽の息子（Son of the Sun）という意味のＴａｒｏです。よろしくね」

と返して、決まって一瞬で親しくなっていた。

話はもどるが、あの日も、太郎さんはわたしたちをフレンドリーに迎え入れてくれたので、初対面の友人も緊張することなく話ができそうだった。

新しいオフィスは、以前のオフィスより二倍くらいの広さがあっただろうか。大きめのスタッフルームがあり、中央には長机が置いてあり、そこにスタッフの皆さんは椅子を並べて、仲良く仕事をしていたらしい。

壁際の本棚には『絶対内定』が納められており、一際眼を引いていた。棚の上には、太郎さんと学生さんたちの楽しそうな写真が何枚も飾ってあった。

そして、そのスタッフルームに隣接するように教室があり、小さなテラスには、人工芝の上に、白くて小さな丸テーブルとハイビスカスの造花と椅子が二脚置いてあり、あとから太郎さんにきいたことだが、ハワイ好きの太郎さんが、オフィスでもハワイ気分を味わえるように、テラスを手作りでアレンジしたらしかった。

このように、当時の我究館は「塾」といっても、手作り感満載の学び舎のような空間であった。

わたしたちは、楽しそうな教室をきょろきょろと見回すうちに自然と心も和み、部屋の中央の長机に太郎さんと向き合うように座った。

最初にわたしから友人を紹介し、彼女の状況について簡単に説明すると、自然な流れで、太郎さんは友人にいろいろな質問をしはじめた。

太郎さんの話の段取りは、わたしがどこで退席すべきか戸惑うほどのスピード感があった。きっとわたしがいると、彼女も本音を話しにくいかもしれないと、やっとタイミングをみつけて口をはさんだ。

「太郎さん、わたしはそろそろ退席させていただこうと思うのですが……」

と言うと
「そうだね。福田さんとは、いままでG君を通してしか連絡が取れなかったから、福田さんの連絡先を教えておいてもらえますか。一応、これ僕の連絡先だから、なにかあったらこちらに連絡ください」

この時、太郎さんが名刺を差し出しながらわたしの目を見た、その瞬間をわたしは忘れもしない。

〈この人と結婚するかもしれない〉、と感じたのである。

当時のわたしは、JALの同期二十四名のなかで、唯一彼がいなかった女子で、結婚願望もなく、むしろこれからバリバリ仕事をするぞと思っていた矢先だった。

同年の夏、わたしが沖縄にステイした時のことだ。先輩に連れられて、不思議なほどに当たるとフライトアテンダントのなかでは有名な占い師のところに行った。なにを言われるのかと、ドキドキしながら両掌を見せると、

「あなたはキャリア志向が強い方だね。このままだと、たとえ結婚しても子供がかわいそうだよ。どこかで考え方が変わるみたいだけれど」

そういわれた。興味本位もあり、

「運命の人は現れますかね」

と聞いてみると、

「運命の人ね。現れるよ。一回りくらい年上で、すべての面において、あなたが尊敬できるような人だね。今年の年末くらいには出会うみたいだよ」

「出会うんですか？　それとも、もう出会っていて気付いていないとか」

「それは、どちらともいえないかな」

それから数ヵ月間、わたしはだれが運命の出会いなのかを意識し過ぎたせいか、結婚を感じられるような出会いはなく、太郎さんと再会した時には、あの占い師の言葉も忘れかけていたころだった。

実際、この〈この人と結婚するかもしれない〉と思った時にも、〈なに思っているのかしら。わたしらしくないな〉と自分の直感を否定し、ただ、なにか不思議な感覚に後ろ髪を引かれるような思いで、友人を残して我究館をあとにした。

その翌日のことだ。

わたしが実家の車を運転していた時のことだ。

助手席の母といろいろと話しているうちに、思い出したかのように昨日のことを話し出した。

「あのね、昨日、G先輩に紹介してもらった杉村太郎さんという人に会ったの。JALのKちゃんを紹介したのね。それで帰り際に太郎さんに挨拶をしたとき、わたし、この人と結婚するかもしれないって思ったのよ。おかしいよね」

その瞬間、わたしの携帯電話がなった。

急いで車を脇によせて電話をとった。

「もしもし、杉村太郎です。福田さんですか」

わたしは、あまりの偶然がかさなったことにあわててしまい、一瞬言葉を失いかけた。

「はい、福田です。昨日はKちゃんに会ってくださりありがとうございました」

「Kさんの話はしっかりと聞いたので、大丈夫だと思いますよ」

そのあと、太郎さんとどのような会話をしたか、はっきりは覚えていないが、一週間後に今度は二人で会う約束をしていた。

わたしは、あの太郎さんがわたしを食事に誘ってくるなど、想像もしていなかったので、なにか仕事のことで聞きたいことでもあるのかなと思いながらも、あの時に感じた確かな感覚をそっと胸にしまいながら太郎さんに会いに行った。

太郎さんとの一回目のデートでは、太郎さんが行きつけていた西麻布のイタリアン・レストランに連れていってもらった。

そこで太郎さんは赤ワインをボトルで頼んだが、いま思うと、珍しいことだった。太郎さんは、お酒は好きな方だったが、

「常に会社のことや原稿のことで頭をクリアにしておきたい」

と言って、ほとんどわたしとお酒を飲む機会はなかったので、このボトルワインはわたしたちにとっての最初で最後の一本となった。

二回目のデートでは、フライト帰りのわたしを羽田空港まで迎えに来てくれた。

わたしは沖縄帰りだったからか、無性にソフトクリームが食べたくて、太郎さんと自分の分を買って両手にソフトクリームを持って、待ち合わせ場所で待っていた。

そこに時間通りに颯爽と黄色いポルシェで太郎さんは現れた。

わたしが助手席に乗り込むと、太郎さんは車を発進させた。

わたしは、太郎さんの車がマニュアルであることに気付いた。左手はハンドル、右手はシフト、見事に太郎さんの両手はふさがっていた。両手にソフトクリームを持ってバツが悪そうにしていたわたしを見て、

「ありがとう！　ソフトクリーム大好きだから、すぐに食べちゃうね」

と言って、左手はハンドルを握り締めたまま、右手でソフトクリームを持って、ギアチェンジの瞬間だけわたしにソフトクリームを渡し、加速しているあいだに、もの凄いスピードでソフトクリームを頬張っていた。

「こんなに一気にソフトクリーム食べるの、初めてだな」

と、嬉しそうにソフトクリームを食べている太郎さんをみて、なんだかわたしも嬉しくなって笑ってしまった。

そのあと、太郎さんの大好きな葉山の海をドライブしてから、太郎さんのマンションで夕食のバーベキューをしようと、少し早めの夕方に戻ってきた。

テラスに用意してあったのは、新品のバーベキューセットだった。

新品のお皿や包丁なども用意してあった。生活感を全く感じさせないキッチン。

そこでおぼつかない手つきで野菜を切ってくれた。つづいてテラスに出て、火をつけよう

としてもなかなか火が点かない。

わたしは小さい頃から父にアウトドアに連れて行ってもらっていたので、こういうことにはなれていた。

「わたしがやりましょうか」

そう言って、わたしがダイナミックに火をつける姿を、太郎さんは頼もしそうに見守っていた。肉も野菜も焼け、美味しいお食事も終わったころには、わたしも帰らなくてはならない時間になっていた。

「そろそろ帰りますね」

と言うと
太郎さんが真剣な顔をして言った。

「僕のお嫁さんになってくれませんか」

わたしは正直、返す言葉が見つからなかった。その様子を見て
「急にお嫁さんにといってもびっくりしちゃうよね。結婚を前提にお付き合いしてくれませんか」

わたしよりも十一歳も年上で、色々な意味で経験豊かな太郎さんが、突然わたしに結婚といっても、本気で言っているのだろうか。わたしは、少々疑うような目で太郎さんの目を見

ると、その目は、まっすぐ真剣なことに気付いた。

理想の夫婦像、ましてや結婚の意味もまだ分かっていないわたしにとって、「結婚」は衝撃的なコトバであるにちがいなかったが、わたしは太郎さんといると、確実にとてもワクワクしていた。とても楽しかった。もっと太郎さんと一緒にいたいと思ったので、その気持ちを伝えた。

太郎さんは微笑んで、

「ありがとう。おうちまで送っていくね。その前にミニミニ神社にだけ付き合ってくれる?」

と言った。

ちょうど年末だったが、大晦日ではないこの日に、なぜ神社に行くのだろう。

わたしは疑問に感じながらも、太郎さんがお願いするのには、なにかしらの意味があるのだろうと思って、連れて行ってもらうことにした。

太郎さんの車に再び乗せてもらい、車を走らせること十分くらいだろうか。

住宅街をくねくねと曲がり、細い道に入って突き当たりで止まった。

この先の薄暗いところに神社があるのだろうか。

「ちょっと待っててね」

と太郎さんは車を降りると、突き当たりの薄暗い方向ではなく、停車した車の横にある家のインターフォンを押した。

「太郎です」

え、神社じゃないの？　ここは……、表札には「杉村」と書いてあった。

すぐに玄関の扉が開いて、なかから白髪の男性と、髪をきれいに纏めたご婦人が満面の笑みを浮かべて出てきた。

「おー、太郎。よく来たな」

と男性がこちらを見ている。

「こちら福田さん。今日は時間がないので、また二人で遊びにきます」

「おー、そうかそうか。今度ゆっくり遊びにきなさいね」

わたしは状況を把握しきれない状況だったが、あわてて車を降り、頭を下げた。

そして、ふたたび太郎さんにせかされるようにして車に乗りこんだ。

走る車のなかからうしろを見ると、ご夫妻がわたしたちの車が見えなくなるまで大きく手を振ってくれていた。こうしてわたしは、太郎さんのご両親に紹介されたのである。

あとで聞いたことだが、あの前日、好きな人がいるんだけど、その人が結婚を前提にしたお付き合いを受け入れてくれたら、その人を連れて実家に遊びに行くから、とご両親に伝えてあったらしい。

一九九七年の師走の時期に、わたしはこのような形で、これから家族となる杉村家の両親に迎え入れられ、確実に運命の歯車は動き出していた。

その後、新しい年を迎え、太郎さんは次々と大切な親友をわたしに紹介していってくれた。そのなかでも、忘れられないのが、Nさんに初めて紹介された時のことだ。Nさんは第二子のお嬢さんが誕生された直後で幸せに包まれていた。

太郎さんのマンションに遊びにきてくれたNさんは、家族が増える喜びについて語ってくれた。

Nさんのお話を聞きながら、わたしは、これから自分たちが築くであろう家庭というものに、胸を膨らませていった。

そんななか、太郎さんが席を外した時のことだ。Nさんがわたしにこう言った。

「十二月に太郎と我究館で会ったでしょう。あのとき、貴子さんはなにか感じなかった？」

「え？　なんですか」

「太郎から聞いたんだけどね、『貴子さんが、きっとボクと結婚するかもしれないって感じたはずだ』って言うんだよね。その時に太郎も、貴子さんと結婚するかもしれないって思ったと言っていたよ」

わたしはまた、言葉を失った。わたしがあの運命のような感覚を感じたその瞬間、太郎さんも同じことを感じとっていたというのか。

さらには、わたしが感じていることさえも、太郎さんには伝わっていた。

太郎さんとわたしのあいだに目に見えない不思議な力が働いているのだろうか。

その後も、わたしは太郎さんとの時間を共有するごとに、太郎さんは運命の人なのだなと確信するようになっていった。

太郎さんが語る夢。この人が描く、目指す社会の実現に向け、わたしは太郎さんをどんな時も支えていこうと、心の奥底で静かに誓うようになっていった。

こうして一九九八（平成十）年八月十五日。

日本の終戦記念日は、日本の再出発の日でもあるという思いをこめて、わたしたちは結婚した。

# 第四章　留学まで

【渡米・留学まで】

ハーバード留学は杉村太郎が若いころから描いていた夢だった。
左の写真は子どもが生まれる前、留学の下調べのためニューヨーク、ボストンを訪ねたときのもの。上右の写真はボストンの写真館で撮ってもらった家族写真。上左の写真は自由の女神に向かってヨチヨチ走っていく娘の愛莉をパチリと撮影した。

才能とは、自分自身を信じる力だ。

『アツイコトバ』　48ページより引用

杉村太郎は、努力の人だったと思う。

いつも傍らには小さなノートとペンがあり、持ち歩いて、人と話をしていて気がついたことや出会った人たちが言ったコトバなどを細かくメモしていた。

家のなかにも、あちらこちらにメモとペンが置いてあった。

ふとした瞬間に涌いてきたインスピレーションを一つとして零《こぼ》さないように書きとめようと、真剣だったのだと思う。

太郎さんのそんな姿勢は、「人皆師なり」とでもいおうか。

多くの人との出会いや経験をすべて学びにしようとしていたかのようだった。

わたしたち夫婦の関係においてさえも、太郎さんはそうだった。

太郎さんはわたしとのほんの些細な日常的な会話でも、気になる言葉があると、

「たこぴ、もう一回言ってくれる？」

「なるほどね。そういう考え方もあるんだね」

と言って、メモを取っていた。

そして時には、

「たこぴがこのあいだ、聞かせてくれたあの話、講演で話してみたら、みんなとても興味を持って聞いてくれたよ」

と少年が母親に話すような目をして聞かせてくれたことを思い出す。

そんな太郎さんの、なにごとにも素直で懸命な姿を見ているうちに、わたしも自然と、もっと太郎さんの役に立ちたいと思うようになっていった。

そして、太郎さんを通して誰かの役に立つことの喜びを感じるようになっていった。


結婚したときに、わたしは、太郎さんがこれほどまでに人に関心を持ち、人を尊敬し、人を愛する人だとは思っていなかった。そして、太郎さんはその「人」から得た学びを、自分のものにしようとする努力も怠らなかった。

ほかの言い方をすれば、太郎さんのやると決めたら最後までやり抜く意志の強さは相当なものであった。その意志の強さで、苦手なことを強みに変え、一歩前進するごとにぶち当たる課題から逃げずに一つ一つ乗り越えるように生きていた。

そんな太郎さんが自分の人生のモットーとしていたのが
「大海に出でよ」

「やるなら世界一」

という言葉だった。これらの言葉は彼の生きる姿勢であったが、じつはこの精神を支えていたのが、「絶対」につづく努力であった。この太郎さんの努力に対するこだわりは、彼が倒れて亡くなる瞬間までなんら変わることはなかった。

その努力で掴んだ大きな夢が、留学であったと思う。


二〇一一年八月、太郎さんが倒れる数日前のことだろうか。

太郎さんは自宅のソファに座り、わたしの方をまっすぐ見つめながら、

「僕は、留学に行ったことで、自信を取り戻すことができた。留学で出会えた仲間、経験できたすべてのことが、かけがえのない宝なんだ」

絞り出すようなその声には、彼の強い思いが込められていた。

留学前の太郎さんは、書籍『絶対内定』がベストセラーになり、我究館館長としての活動も数々のマスコミで注目され始めていた。

一見すると、順風満帆に見えていたかもしれない。

しかし、実際には、かれは暗闇で悩み、自信をなくしていた。

太郎さんは我究館で指導していた学生が、社会に大きな羽を広げて飛び立っていく姿をなによりも誇りに思い、楽しみにしていた。

しかし、そのうちの一人が、職場環境になじめなかったということで自ら命を絶った。

その訃報を受け、太郎さんは憔悴しきっていた。

心から愛していた受講生の死の報知を受け、人の人生を導くことの重責を感じ、押しつぶされそうになっていた。

太郎さんにとって、言霊を打ち込んだ学生は師弟ではなく同志であった。

彼をなぜ救ってあげられなかったのか。しいていえば、彼がどうしてもその業界に進みたいといった時に、なぜもっと全力で反対し、説得しなかったのか。

太郎さんは、他者の人生と深くつながることの責任を強く受け止めていたのだと思う。

そんな矢先、週刊誌に我究館と杉村太郎を揶揄するような記事が掲載された。

彼が真剣に生きてきた軌跡を、まるで嘲弄するような内容だった。

我究館は、太郎さんが命をかけて育ててきた学び舎で、彼の分身でもあったにちがいない。また、そこを巣立って全力で社会で生きている同志のためにも、我究館が謂れのない非難にさらされ傷つけられることが耐えられなかったのだ。


わたしは、太郎さんと新婚旅行に行った時に見あげた、イタリアのフィレンツェにあるサンタ・マリア・デル・フィオーレ大聖堂のことをたまに思い出す。

白を基調としたその建物には、見事なほどに繊細な彫刻が飾られていて、夜にライトアップされた姿は、まるで、ガラス彫刻のような美しさだった。わたしは、この大聖堂と太郎さんの心をいつも、重ねあわせてしまう。太郎さんは、強く、逞しく、男らしく生きている一方で、心は、とても優美で、繊細な人であった。

そんな太郎さんの心は、この二つの悲しい出来事が重なり壊れかけていたのだった。自信をなくし、疲弊しきっていたといっても過言ではないかもしれない。

すべての人生は、最期にプラス・マイナス・ゼロとなっているものだと聞いたことがあるが、太郎さんの人生もまさにその通りだったのかもしれない。


この時の太郎さんは、わたしがどのような言葉をかけても心を閉ざしつづけていた。

そんな暗闇にいた彼に、一筋の光を与えたのが、「留学」の二文字であった。

当時の我究館は、館長である太郎さんとスタッフが数名という、とても小さな組織だった。そんななかで、館長の太郎さんが留学で何年も日本を離れるとなれば、それは組織としては一大事以外なにものでもなかったかもしれない。

しかし、太郎さんはあえて可能性にかけた。

「留学」は将来の我究館の飛躍のためであり、なによりも彼自身が自信を取り戻すためでもあったのだ。いま思い返すと、太郎さんが初めて「留学」という夢をわたしに語ってくれたのは、結婚前のことだった。

我究館の館長として、多くの受講生の人生を導くことに忙殺されていた太郎さんだったが、一方で、自分自身をさらに高める機会を渇望していた。

広い世界で、自分と同じ夢である、より良き社会の実現のために活躍している仲間との出会いを猛烈に求めていた。

太郎さんはそれが解決できる場としての留学を漠然と思い描いていたのかもしれない。しかし、ひとことで留学といってもどこに行くのか。太郎さんが目標に掲げたのは、世界のリーダーが集う、ハーバード大学ケネディスクールへの留学であった。

率直なところ、わたしが初めてこの話を太郎さんから聞いた時、太郎さんなら合格できると思った。そしてその思いは、どんな時でもぶれることはなかった。世界のリーダーが集う場で、太郎さんが評価されないはずがないとわたしは思っていた。

結婚してからは、太郎さんはよりリアルに夢の実現に踏み出し、本格的に英語の勉強を始めた。新婚だろうがなんだろうがそんなことは関係なく、プライベートの時間のほとんどは、少しでも耳を英語に慣らすように、イヤホンをして過ごしていた。

一緒にレストランで食事をしているときも、ウィンドウショッピングをしていても、自宅でも寝る時だって太郎さんはイヤホンをして英語のリスニングをしていた。わたしは、一緒にいて会話がなくても、太郎さんの夢を応援していたので、寂しくはなかった。

じつは先日、太郎さんの幼少期のアルバムを見ていたら、五歳くらいの太郎さんがハーバード大学の紋章が入ったトレーナーを着ている写真をみつけた。

そういえば、アメリカの叔母たちがハーバード大学のトレーナーを、太郎に送ってきてくれたことがあったと、太郎さんの父親から聞いたことを思い出した。また、太郎さんがシャインズというデュエットの歌手だったとき、彼の両親がアメリカ旅行に行ったついでにハーバード大学を見学したいとボストンに立ち寄ったという。

そのころの太郎さんは留学など考えてもいなかっただろう。しかし両親は、

「太郎がここに来れると良いわね」

と夢物語として話していたというのだ。

—強く思えば叶う。思わずしてはなにも起こらない…。

太郎さんの母親がわたしにそう言っていたことを思い出す。

話は戻るが、太郎さんが独学で留学の勉強を始めてから、数ヵ月たったころだろうか。

語学スクールに通ってはいるものの、仕事の忙しさもあってなかなか勉強時間が思う通りに捻出できず、成績も伸び悩んでいた。自分よりもはるかに優秀なクラスメイトたちも、自分と同じ課題を抱えているようだった。

仕事をしながら、いかに効率的に勉強を進めていくか。次々と立ちはだかる壁を乗り越え、モチベーションをキープしていくかが、最大の課題だった。

そこで太郎さんが思いついたのは、いかにも太郎さんらしい考え方だった。

太郎さんは、なにをするにも楽しくやる、というのがモットーだった。なかなか伸びないスコアも、なんとか楽しく乗り越えられないか。そのヒントになったのが、スポーツのトレーニングだった。筋トレ後の爽快さはなんともいえない。

勉強も筋トレのような感覚で、アドレナリンを出して、脳みそを鍛えあげていくことができないものか。自分がまず実践してみて成果が出たら、これまであるようでなかった、唯一無二の英語スクールを作ろう。

壁を越えられず、世界に飛び立つことを阻まれる人をひとりでも減らしたい。

こうして太郎さんには、留学という夢の手前に、語学スクールを作るというまた一つ別の夢ができたのである。

わたしは、太郎さんの本気度が日に日に増していくことを感じ、七月二十日を渡米の日として目標設定した。二〇〇〇年、思えばいまから十六年前のことだ。

そして、七月二十日、海の日がやってきた。

わたしたちは、大きな登山用のリュックを背負って、晴れ晴れした気持ちで、成田空港でこれから飛び立つ青い空を見上げていた。まだハーバード大学留学の切符は手に入れていなかったが、わたしたちの胸は夢と希望に満ち溢れていた。

愛莉《めりい》はこの時、まだ六ヵ月の赤ちゃんだったが、彼女は、わたしたちがいつなんどきにも明るく前を向いて歩んでいけるよう、いつも導いてくれる存在となっていった。

わたしたちの留学計画は、いま思うと、冒険に出かけるようなものだった。

当然、会社員がニューヨークに赴任する時のような前任者もいない。

アパートだけは借りてあったが、知り合いも誰一人いないニューヨークには、なにも頼る伝手はなかった。完全なる私費留学であったので、わたしたちの生活源は、まだローンの残っている東京のマンションの賃貸収入と、会社から支給される十五万円の給与だけであった。

引っ越し費用を浮かせるため、生活必需品をできるだけ段ボールに詰め込んで、手荷物として飛行機に預け、そのほかの手荷物は登山リュックに入れて担いでいた。

アメリカに到着した時は、大きな夢に挑む、わくわくした気持ちでいっぱいだった。

背中の荷物の重さなど、まったく感じなかった。J・F・ケネディ空港でアメリカの象徴のような大型ワゴン車を借り、段ボール箱を詰め込み、一年契約をしたワンベッドルームのマンションに向った。

太郎さんが事前に選んでおいてくれたわたしたちの新しい住いは、マンハッタンの世界で初めての高層集合住宅が建てられたチューダー・シティという地区にある築七十年近いアパートメントだった。

最寄駅はニューヨークシティのハブでもあるグランドセントラルステーション。道を挟んで国連ビルが聳え立ち、地域全体の警備も手厚く、比較的安心して子育てができる地域であった。その建物は全面が彫刻で覆われており、太郎さんは、

「せっかくニューヨークに住むんだから、日本では住むことができないような、歴史感溢れたアパートに住みたかったんだ」

と言っていた。

しかし、その部屋には洗濯機や乾燥機が付いていなかった。

それこそ赤ちゃんのいる家庭では、大量の洗濯物が出るのが常であるが、わたしたちは交代で、マンション地下にあるコインランドリーと部屋を一日に数往復もする日々を送ることになった。

あとで知ったのだが、二〇〇〇年当時のNYのマンションは、部屋に洗濯・乾燥機が付いていることの方が稀で、比較的新しい高級アパートでさえも、ワンフロアに数個備え付けられていれば良い方であった。

地下にコインランドリーがあるというのは一般的なタイプであった。

治安が悪い地域では、地下のコインランドリーで犯罪に巻き込まれる可能性があるということで人が近づかず、あえて人目に付く近場のコインランドリーを利用するという事情があったらしい。

それこそ、バスに乗って町の風景を眺めていて、大きなカートに洗濯物を入れて移動している人を多く見かけるような地域は、地下のランドリーを使用したくない人が多いということ、つまり、治安がそれ程よくない地域だと判断できると聞いたこともあった。

また、うちのお風呂も衝撃的であった。初日に、浴槽の栓がなかったことには気付いていた。早々にリアルエステートに電話をすると、すぐにゴム栓を持ってきてくれた。しかし、すぐに分かったことなのだが、お湯をためるとうっすら茶色に濁るため、浴槽の栓は使用していなかったということらしかった。リアルエステートには、濁ったお湯が体には害がないのかを確認したが、ニューヨークの物件ではよくあることだそうで、赤錆は飲まなければ特に問題ないとのことであった。

こうして始まったわたしたちのアメリカ生活は、いわゆる多くの人がイメージする、優雅なアメリカンライフとはかけ離れたものであったが、毎日はとても充実していた。しかしながら、太郎さんの当時の本心はというと、心細いかぎりであっただろう。

夢の実現のために日本を飛び出してはみたが、目標のハーバードに合格できる保証はない。

加えて、妻は専業主婦で娘は0歳。

頼みの綱であった我究館も、太郎さんが不在のなかで難航しているようだった。

それこそ、背水の陣だったにちがいないと思うのだが、太郎さんが弱音を吐いたことは一度たりともなかった。

十二月にはハーバード大学ケネディスクールにアプライを出さなくてはならなかったので、残すところ四ヵ月を切っていた。最低でも二ヵ月の間で、TOEFLの目標スコアを出し、続いてGREのスコアも獲得しなければならなかった。そのあとに大学院のアプライ（入学審査）のなかで最も重要視されている、エッセイの作成に取りかからなければならない。

そのためには効率的に勉強し、確実にスコアを出さなければならなかった。

気合を入れてスポーツ刈にした太郎さんは、いつも首から黒いストップウォッチをぶら下げていた。まるでスポーツのトレーニングをするような感覚で、分刻みでプログラムを作って勉強をしていたのだ。

例えば、こんな感じである。マンションの地下にあるランドリースペースは集中できる場所のようで、太郎さんは洗濯係を買って出るようになっていた。

先ず洗濯機が動いている三十分間で、集中して単語カードを使った暗記チェックをおこなう。

洗濯機が止まると、洗濯物を乾燥機に移し、コインを入れてボタンを押すと同時に、次のプログラムが始まる。

乾燥機がまわっている三十分間は、イディオムの暗記に集中する。

そして乾燥が終わると、イヤホンを耳に入れ、シャドーイング（註＝リスニング力やスピーキング力を鍛えること）をしながら、洗濯物を畳み、エレベータを乗り継いで四階の部屋まで移動する。

それが終わると、今度はアパートの前にある公園に移動だ。

まず初めに、正面入り口に近いところにあるベンチに腰掛け、ストップウォッチを十分間にセットし、短文読解を開始する。

それが終わると、公園にある残り十一個のすべてのベンチに順々に座りながら、読解問題をこなしていく。全てのベンチに座り終わる頃には、ちょうど二時間、読解に集中できたことになるといっていた。

読解が終わると、ふたたびイヤホンを耳にして、アパート周辺を数ブロック歩きながら、シャドーイングをするという。

こんな具合に、小さく時間を区切って、トレーニングメニューを組み立て、集中して効率的に勉強できる工夫をしていた。太郎さんは、こうしたプログラムを朝と夜の二回取り入れ、その反復をおこなうことで基礎力を鍛えながら、確実にスコアを伸ばしていった。

そんななか、わたしはというと、太郎さんを支えていたというより、自分自身が生きることに必死だったと書いた方がしっくりくるかもしれない。

わたしにとっても、初めて単独で外国で生活し、〇歳の娘を育てることに不安は多かった。しかしアメリカに発つときに、わたしは実家の父親から、

「太郎君だけでなく、貴子と愛莉ちゃんにとってもかけがえのない経験になるから、どんなに辛くても最後まで頑張ってきなさい。弱音を吐いて帰ってきてはいけないよ」

と言われ、強く握手をされて見送られたことが頭から離れず、その言葉を信じて踏ん張っていた。

それこそ、太郎さんと夫婦喧嘩をしたこともあったし、愛莉が大怪我をして救急車で救急病院に運ばれたこともあった。9・11を通して、友好的だったアメリカが一変して様変わりしていく様子を目の当たりにし、不安や心細さを感じることも多かったが、

〈この時間は、わたしたちにとって必要だからこそ、与えられているものなのだ〉

と思うようにしていた。

また、わたしたちの生活は、決して余裕があるものではなかったが、なぜか青春時代に戻ったかのような、明るい希望を感じる日々でもあった。

小さなリビングルームには、必要最低限の家具しかなく、それこそ、小さな折りたたみ式のテーブルと椅子が二脚、テレビとベビーベッド、マットレスは床に直接置いてあった。天井には照明の配線もなかったので、小さな電気スタンドを数個置いて、明るさを確保していた。そしてもう一部屋の方には、ムービングセールで買ってきた敷布団と、小さな勉強机と椅子が置いてあるだけで、そこが太郎さんの勉強部屋だった。

愛莉のおもちゃは、すべてムービングセールで買ったものだったし、わたしの化粧台も、日本から持ってきたダンボールに、数ドルで買った鏡を貼り付けたものを三年間大切に使っていた。

生活はとても質素だったが、太郎さんが勉強で疲れて帰ってきたときに、少しでも癒される明るい空間をわたしは作りたかった。入居当時はがらんとした空間だったが、以前の住人は額を飾っていたようで、たくさんの釘跡が残っていた。

わたしはそこに再び釘を差し込んで、娘のカラフルなベビー服を掛けてみた。

壁の四方面に、人形のドレスのような、淡いピンクやスカイブルー、黄色のベビー服が掛かると、そこには不思議なほどに癒しの空間が広がった。

食事も太郎さんが喜ぶように、できるだけ工夫をした。海外に行くと無性に日本食が恋しくなるもので、日本の食材に似ているものを探してきては、日本食らしき食事を作るようにしていた。

とにかく鶏肉が安いので、大きなモモ肉を買ってきては小分けにし、鶏肉を使った料理をよく作った。

ある日のこと、照り焼きチキンを作ろうと、フライパンに勢いよくタレを流し込むと、ジュ―ッという油の跳ねる音と煙が勢いよく舞い上がり、一瞬前が見えなくなった。キッチンの換気扇が壊れていたこともあり、部屋中の火災報知機がいっせいに鳴り出した。あわてたわたしは、なにを血迷ったのか、部屋の換気をしなければと考えて玄関の扉を開けたところ、今度はアパート中の火災報知機がいっせいに鳴り出し、「ファイヤー。ファイヤー」とアナウンスがこだまする事態に発展した。

その後、間もなくして、消防車のベルの音が近づいてきたかと思うと、無線機を手にしたファイヤーファイターが部屋に入ってきて、わたしがキッチンを指差して謝ると、状況を把握したのかファイヤーファイターは無線機に向かってなにかを話し、そのあと無言で去っていったのだった。

こんなこともあった。

太郎さんの大好物だった熊本ラーメンもどきを食べさせてあげたいと思い、豚肉のブロックから角煮を作ろうと考えた。

根気よく煮込んで、大分やわらかくなってきたことを確認してから、ふと椅子に腰掛けた状態で転寝《うたたね》をしてしまったらしい。煮汁がなくなり、角煮が焦げだし、黒い煙が部屋中に充満した。

その時、愛莉が大泣きしてくれたことでわたしは目を覚まし、あわててコンロの火を止めて危機一髪、火事になるのをまぬがれた。

どれも思い出すと、冷や汗がでるようなものばかりだが、慣れない外国での生活とはそれだけ疲れるもので、日本ではしないような失敗ばかりしていたように思う。

こんなことばかり書いていると、太郎さんにもずいぶん心配をかけていたように思うかもしれない。

しかし、こういったトラブルに対して、太郎さんはわたしを責めることはしなかった。

むしろ、一つひとつの出来事を一緒に乗り越えていくごとに、パートナーとして互いを信頼し合えるようになっていったように思う。

あのころの太郎さんは徹底的にストイックな状況に身を置いていて、いったいどこで息抜きをしていたのだろうか。わたしが思うには、愛娘と過ごす時間こそが、太郎さんにとって最高の癒しであり、彼女の存在が彼の生きる力になっていたのだと思う。

愛莉は太郎さんの人生を最も支えた人物である、とわたしは思っている。

太郎さんは、本当は自分が愛莉を連れていってあげたいと思っている場所をたくさん、わたしに教えてくれた。愛莉にとって、五感をフルに刺激できるような場所ばかりだった。

わたしは愛莉を連れて、そういう場所によく散歩に出た。セントラルパーク内にある、昔、羊を放牧していたという、「シープメドウ」という芝生広場からはマンハッタンの摩天楼が臨めた。アパートの向かいにある国連の「彫刻公園」にもよくでかけた。

愛莉が最初にハイハイしたのは、太郎さんが少しの期間通っていた、コロンビア大学内の芝生だった。

天気の悪い日には決まって、アッパーイーストにある「自然史博物館」や「メトロポリタン美術館」に一ドルを払って入館し、世界的な絵画や恐竜の剝製の下で一日を過ごしたものだった。

太郎さんの勉強の合間には、ニューヨーク公共図書館で待ち合わせをして、ほんの少しの時間だったが、一緒に公園でピザを食べたり、ベビーカーを押しながら五番街を散歩したりした。

こうした家族と過ごす時間が、勉強に追われていた太郎さんにとって、唯一の息抜きであったにちがいないと思う。

時間がたつのは早く、あっという間に夏が過ぎ、ハローウィンが終わり、サンクスギビングデイのころには目標としていたスコアを獲得し、太郎さんは最後のエッセイ作成にとりかかっていた。

じつはこのエッセイとは、太郎さんが『絶対内定』のなかでも説明している「我究」の概念にとても似通っているらしい。これは、自分の人生を振りかえり、なにが自分に足りないかを知ることからすべてが始まるというものだ。

自身の弱点を知り、それを克服して強みに変え、なにを社会で実現していきたいのか。そして、それを実現させるために大学院でなにを学ぶ必要があるのか、ということをしっかりと書面にする作業がエッセイの作成なのだ。

それと並行し、アプライに必要な書類の準備として、推薦状の依頼や各種証明書等の手配をおこなうため、太郎さんは単独で日本に一時帰国することになった。

わたしはカレンダーの太郎さんが帰ってくる日に丸をつけ、一日が終わるごとに日付にバツをつけながら、ことがうまくはこぶよう毎日手をあわせながら、彼の帰りを待っていた。

日本に帰っているときも、太郎さんは相当忙しく過ごしていたようだった。

太郎さんは渡米する時、「我究館」の館長から会長になって現場を任せてきていたが、「我究館」のことはいつも案じていた。日本に一時帰国する際には、可能な限り、我究館のサポートに尽力をしていた。

推薦状は親友のNさんと、我究館の一期生で、その後に元副館長として太郎さんを支えてくれたIさんに依頼したところ、お二人とも、快く引き受けてくださった。

エッセイの最終チェックでは、わたしの実家の父が翻訳業を手掛けていたこともあり、太郎さんと父の二人で推敲を重ね、最終的な形がととのったようであった。

返信用封筒に貼る切手に関しても、わざわざ世界の切手を販売している「切手の博物館」に行って、ケネディ大統領の肖像画が描かれている高額な記念切手を購入して貼付するなど、ケネディスクールに行きたいという思いを徹底的にアピールしていた。

こうしてケネディスクールへのアプライを終え、やり遂げた感満載で太郎さんがアメリカに戻ってきたころには、街中がイルミネーションで輝くクリスマスの時期になっていた。

わたしは太郎さんが掲げた大きな目標に向け、最後までベストを尽くしてくれたことがとても嬉しかったし、誇らしく思っていた。絶対に太郎さんはケネディスクールに合格すると信じてはいたが、たとえそうでなくても、この経験から得られたすべてが、これから生きていくなかでの財産になるので、それで十分だとも思っていた。

また、これほどの貴重な経験を一緒にさせてくれる太郎さんに、わたしは心から感謝をしていた。

クリスマスプレゼントは、高価なものを買える余裕はなかったので、恥ずかしながら99セントショップで幾つかの小物を買い、手作りのプレゼントを作って贈った。太郎さんは顔をくしゃっとさせて喜んでくれ、そのあともずっとそのギフトを勉強机に飾ってくれていた。

そして迎えた大晦日の夜のことは忘れられない。マンハッタンは、一年のうちで最も盛り上がりを見せていた。

街中には、「２００１」の文字がデザインされた大きなサングラスや帽子、髪飾りをつけた人たちと、警備をする警官で溢れかえっていた。

その夜、二十一世紀の幕開けを迎え、タイムズスクエアでカウントダウンの声が響きわたるなかで、わたしたちは愛莉を大切に胸に抱きかかえながら、その歓声の一部となっていた。「ここまでやりきった」という達成感と、これから始まるなにかを信じて、これ以上出ないほどの大きな声でわたしたちは歓声をあげていた。

二〇〇一年、アメリカの年始は早かった。

日本のようにお正月を満喫する空気感はそこにはなく、一月二日には、通常のＮＹの街並みに戻っていた。

ケネディスクールへのアプライを終えた太郎さんは、合格発表がある二月中旬までのあいだは、できるだけ日本に戻り、我究館のサポートをおこないたいと言っていた。

それほどまでに、太郎さんがいなくなった我究館は難局を迎えていたようだった。

わたしはその危機感も理解できたし、一方で、いつなんどきケネディスクールからニューヨークに連絡が入るかもしれないので、わたしと愛莉はニューヨークに残ることにした。

忘れもしない、二月三日のことである。

それは、あと数日で太郎さんがニューヨークに戻ってくるという日のことだった。

ニューヨークには最大級の寒波が到来し、嵐がさし迫っていた。

ニュース番組ではしきりに嵐の中継が流れていた。

太郎さんが日本に帰って一ヵ月、わたしは、一月二十二日に満一歳になったばかりの娘を守ることに必死で、毎日氷点下まで冷え込む、慣れないニューヨークの生活に疲れ始めていたのだと思う。ただ幸いなことに、夏のセントラルパークで出会ったアメリカ人の子育てサークルや、在ニューヨークの日本人が作っている子育てサークルのメンバーにも入れてもらっていたので、孤独感を感じることはなかった。困った時に助け合える仲間がいたのは、心強かった。

その日、わたしたちは嵐のなかでも往復できるほどの近所に住んでいる友人宅に遊びに行く約束をしていた。

そこの家には、年の離れた活発なお兄ちゃんがいた。彼がリビングのソファの上でジャンプをしていたのは覚えているが、愛莉はソファ近くで静かに遊んでいたようだった。私がオムツを取りに行って、愛莉から目を離し、一分もたたない頃だろうか、突然、めったに泣かない穏やかな愛莉の泣き叫ぶ声がした。

慌てて飛んで行くと、愛莉が床に突っ伏していて、これまで聞いたことのないような泣き方をしている。

急いで抱き起こし、彼女の顔を見たわたしは目を疑った。顔面が血だらけだったのだ。愛莉は、おそらくそのお兄ちゃんの真似をして、ソファにはいのぼり、立ち上がったところでバランスを崩して倒れ落ちたのだろう。その際に、ソファの前に置いてあった、ガラス製のテーブルのコーナーに、顔面を打ちつけたらしかった。

不幸中の幸いとでもいおうか、口をあけた状態でテーブルのコーナーに当たったようで、口の中は素人目でも分かるほど、歯茎が切れて白いものが露出して見えたが、顔面こそは無傷であった。また偶然にも、その家のアメリカ人のお父さんが救急隊員だったので、母親からの電話ですぐに救急車で駆けつけて来てくれ、すぐに救急病院に搬送してくれた。

その後、待たされることもなく外科での治療を受けられたのだが、その治療はいまひとつ納得できる内容ではなかった。

処方された薬は痛み止めだけで、レントゲンも取らず、化膿止めさえ出されなかった。自宅に戻って痛がる愛莉を抱きしめながら、やはりもう一回、他の医者に見てもらおうと考えた。

　今度は日本語が通じる医者か歯科医に診てもらおう。

　嵐が来ていたので遠方行きの電車は止まっており、タクシーで行けるクリニックをガイドブックで探し当てた。そこで緊急治療を受けられたのだが、安心したのも束の間、それまで辛うじてくっついていた歯さえも、その場で抜け落ちてしまったのだ。途方にくれたわたしは、自宅に戻るやいなや、真っ先に日本で愛莉を診てくれていた歯科医の先生に電話をかけ相談をしたところ、愛莉が受けた治療とそのドクターの方針とがずいぶん異なることを知った。

　先生がいうには、先ずはレントゲンを取り、損傷の状況を確かめる。その状況次第で、治療方針を決定するというのだ。当然のことだと思った。

　アメリカの医療費は高額なことで有名だが、加入している保険次第で、治療方針がちがってくることを聞いていたので、日本を出国する時に保険にはしっかりと入っていた。しかし、二つの医療機関ではレントゲンさえ取らず、痛み止めの薬は処方されたが、あとは自然に治るというものだったのだ。

　わたしは、あと数日後に太郎さんが帰ってくるのを待つよりも、真っ先に愛莉を日本に連れて帰って、納得のいく治療を受けさせることを優先したいと思った。太郎さんに、その夜に電話で思いを伝えた。

そして、わたしたちが日本に向かうのと入れ替わるように、太郎さんがニューヨークに戻っていった。

わたしたちは日本に到着したその足で、歯科医の先生のところに向かった。

検査の結果、幸いなことに、永久歯には影響が出ないような損傷だったことが分かり胸を撫で下ろしたが、しばらくのあいだ、あの時の光景がフラッシュバックのように頭に浮かびあがり、遠いアメリカでたった一人で子育てをすることに、わたしは自信を失ってしまっていた。

頭ではもどらなければならないと分かっていたが、ふたたびアメリカにもどることには腰が重かった。そんな時、太郎さんは一人でアメリカの地で孤独と闘っていたのだろう。毎日ポストを開けては空っぽなことを確認して、一人で焦りを感じていたにちがいない。もうそろそろなにかしらレターが届いてもいいころなのに、なにも届かない。気が気ではなかったことだろう。

そんななか、まるで気を紛らわすかのように、太郎さんは本を書いていた。自分自身で確立した勉強法をもって、確実に二ヵ月という短期間に、目標スコアをたたき出した経験を書いた、『TOEICテスト900点　TOEFLテスト250点への王道』という本だ。ここにケネディスクールの「合格」が付いてくれれば、どれほど説得力のある本になるだろうか。祈るような気持ちで書きあげたのだと思う。

結局、二月下旬までケネディスクールからの連絡を待ってみたが、ポストにはなにも届かなかった。太郎さんはある意味、失望のどん底にいるような心境だったのではないかと思う。

夢の実現に向け、なにかを信じ、多くを犠牲にして突き進んできた。

人生をかけ、ただひたすら突っ走ってきた。

しかし、結果は付いてこなかった。

日本に一時帰国する日になり、大きなスーツケースを押しながらアパートを出ようとしたその時、太郎さんはドアマンから声をかけられた。

「太郎、帰国するのか？　そういえば、ポストに入らなかったということで、これをあずかっていたんだよ」

その手に握られていたのは、確かにポストにはおさまらないほど分厚い封筒であった。その封筒の差出人は、HARVARD Kennedy School とあった。

「不合格なら、薄い封筒で送られてくるはずだ。もしかして……」

おそるおそる封を開けた。

一番に最初に目に飛び込んできた文字は「Congratulations! Taro」だったという。太郎さんはどれほど嬉しかっただろう。

もしわたしがそこにいたら、きっと抱きついて、大声で叫んでいただろう。

わたしはちょうどその時、太郎さんの世田谷の実家で太郎さんの両親と太郎さんのことを話していた。

電話が鳴ったので、わたしが出ますといって受話器をとった。

「もしもし杉村です」

「たこぴ？」

真剣な太郎さんの声がした。

「あれ、太郎さん？ まだ飛行機に乗ってないの？」

「いま、飛行機のなかだよ」

そして一瞬間をおいて、

「合格しました」

「え？ なんて言った？」

「ケネディスクールに、合格しました」

「ほんと？ やった‼ 太郎さん、おめでとう。本当におめでとう‼」

あまりにも大きな声で叫んだので、近くにいた太郎さんの父親も母親も電話口に飛んできて、受話器を奪い合うようにして、交互に太郎さんに喜びを伝えていた。

本当に嬉しかった。皆が笑っていた。

太郎さんが夢に向かって、これ以上できないほどの努力をしてきた姿を、わたしは一番近くで見てきたからこそ、太郎さんは絶対に合格すると信じていた。

太郎さんは留学経験者でもなければ、決して英語が得意なわけでもなかった。

地道な努力を積み重ねていたのだ。

太郎さんが、目の前に聳《そび》え立ついくつもの壁を前にして、決して諦めず、絶対を信じながらそれらの壁を次々と乗り越え、自らの手で合格を勝ち取ったということをわたしたちは忘れてはいけないと思う。

このあと、わたしたちは太郎さんを迎えに成田空港に向かった。

太郎さんは、どんな顔をしてゲートから出てくるのだろうか。

どのような言葉を最初にかけようかと、ソワソワしながら待っていると、太郎さんは、小さな星条旗を振りながら、満面の笑みを浮かべて到着ゲートから出てきた。

星条旗はJ・F・ケネディ空港で買ったらしい。

本当にお茶目で可愛らしい、太郎さんらしい登場だった。

ここからボストン入りするまでの数ヵ月で、太郎さんは、自身の経験をカリキュラム化した語学コーチングスクール「プレゼンス」を設立する。

そして、いよいよ太郎さんが自信を取り戻し、最も輝いた時代、人生の第三幕が始まる。

# 第五章　ハーバード

【ケネディスクール】

2001年から2年間、ハーバード大学のケネディスクールに通って勉強。上段の写真は卒業式の光景。太郎はここで行政修士（MPA）課程を修了した。
中段写真、ハーバード大学のヤードにて。ボストンに着いたばかりのころの写真。
下段はケネディスクールの正面に備え付けられている銘板の前で。

きみには、夢があるか。

『絶対内定２０１８』 48ページより引用

太郎さんが、絶対を信じ、人生を駆け抜けられたのは、彼に夢があったからだと思う。

「夢」とそれを実現したい「人生」は切り離せないものなのだ。

太郎さんはその「夢」は変わっていくことがむしろ自然なことだとも言っていた。

人は成長する過程で、おかれている立場や状況も常に変化していく。

だから「夢」も、過去に描いた夢にこだわるのではなく、自然な形で進化していっていいのだと思う。

わたしも結婚したばかりのときには、学生時代に描いていた夢に捕らわれていた。

一度さだめた夢を変えることは、逃げるような気がして固執していたのかもしれない。

そんなわたしが、自分の夢を実現することなく、太郎さんについて海外に行くことに戸惑いがなかったかというと嘘になる。

〈太郎さんの留学に付いていかず、わたしだけ日本に残って経験を積んだほうがいいのだろうか〉

口には出さなかったが、こんなことさえ頭にはよぎっていた。

そんな時に、「夢は進化する」といわれ、わたしは素直になれたのだった。

もちろん、その時のわたしには自分一人で生きていた時の夢があった。しかし、そこからは家族と生きていくなかでの夢に素直に向き合うことができ、執着していたなにかから開放されたように気持ちが楽になり、新たな夢がはっきりと、自然と湧き上がってきた。

「わたしもアメリカに行って、強く大きく成長したい」

そして、

「子供にも、貴重な経験を浴びるようにさせてあげたい」

「夢」は湧き水に似ているのかもしれない。

自然に湧き上がってきた夢は、真剣に生きてさえいれば、必ず過去と現在、未来とつながり、過去に思い描いた「夢」ともつながっていくような気がしていた。

それは、自分の力ではどうにもならない大きな人生のうねりに身を任せながら、自然体に生きているともいえる。そして、その自然の流れのなかで、全力で生きていくことに意味があるのではないかと思っている。

いま思うと「渡米」という人生最大の試練となる大波を受けて立つに際し、この心の変化は必要であった。じつに人生とは、天が必要だと思ったものだけしか与えられないのかもしれない。

人との出会い、言葉、タイミング、そして試練もそこには含まれる。

少なくとも、わたしたちの人生において不要なものはなに一つなかった。

わたしが素直な心になれたのも、太郎さんのさりげない一言がきっかけだった。

太郎さんが言葉を発する際に大切にしていたこと。

それは、魂を込めること。

太郎さんは、悩んでいる人が自ら進むべき道を導き出せるよう、絶妙なタイミングで、的確な気づきを導く合いの手を入れてくれた。太郎さんは、そんな天性の才能の持ち主だった。

それでは、太郎さんの「夢」は、一体どのようなものだったのだろうか。

太郎さんも、大きな夢と、幾つかの小さな夢を描いていたようにおもう。

大きな夢は、「世界から一人でも弱者を減らし、社会をより良い方向に導くこと」であった。

これは太郎さんが大学時代に、コンサルタントであった父親の仕事に付き添って、東南アジア諸国のリサーチやインフラ整備などを垣間見たことを通じて、心から湧きあがってきた思いだったと聞いている。

「人として幸せに生きるために、いかに教育が必要か」

教育を受けた人々は、安定した職業に就き、家族を作り、その家族のためにも平和を求めるようになる。言い換えるならば、教育がない社会には、盗み、傷つけあい、争いがおこるようにもなる。

まだ世の中には、日本にも世界にも、弱者が多くいる。その弱者を減らすために、自分にはなにができるのか。社会をより良い方向に導く、そして経済全体を引きあげるためにも、同じ志を持った人材を多く育てよう。

これが太郎さんの「大きな夢」であった。太郎さんは、自分の人生をかけて、その夢を追いかけていたように思う。病気になる直前まで、自分の肉体は不死身とでも思っているかのような働き方をしていた。

それこそ婚約していた当時のことだ。太郎さんがよく開いて眺めていた手帳のスケジュール帳に書きこまれた、十数個のTという文字が目に飛び込んできた。

わたしは、すかさず、「これなあに?」とTについて聞いてみると、徹夜のTだという。

受講生と徹夜で、体力の限界ぎりぎりまで語り合うことで、その人の人生の向かう道が見えてくるというのだ。さすがに結婚してからは、Tのペースを落としてもらったが、それでもいかにTが効果的かといって、「三、四日は残したい」といって譲らなかった。当時の太郎さんは、自分が誰よりも丈夫な身体をもっていると過信していたようにさえ思う。

人生とは皮肉なもので、わたしも、身体が丈夫な人としか結婚しないと決めていた。

それは、わたしの小学校時代の塾の恩師の言葉があったからだった。

その先生は、わたしとは一回り程度、年が離れたお子さんを三人育てている、太陽のように明るい女性だった。しかし、一番下のお子さんが生まれた直後に、ご主人を亡くされていて、それからは、女手一つで個人塾を起こし、それこそ夜遅くまで、わたしたちのような中学受験生の指導に全力で向き合ってくれていた。

わたしは、その先生が大好きだった。先生が教室を閉める最後までわたしはいつも残っていたので、先生はわたしが乗るバス停まで自転車を押して送ってくれ、冬には、自動販売機でカイロ代わりに缶紅茶を買って温めてくれた。

ほんとうにお母さんのように優しい先生だった。

そんな先生が、ある時、わたしにこんなことを言ったのだ。

「貴子ちゃん。どんなに好きな人ができても、結婚だけは、身体が丈夫な人としなさいね」

めったに勉強や学校以外のことを話したことはなかった先生だったが、その時の少し寂しそうな横顔はずっと頭から離れなかった。太郎さんと結婚を決めた時も、先生の言葉を思い出していた。

太郎さんは、とても身体が丈夫そうにみえた。実際に丈夫だったのだろう。

だから本人もまわりも過信して、かけがえのない身体を酷使しすぎてしまったのではないかと思う。しかし当然のことかもしれないが、がんの告知を受けてからは、彼の人生観そのものが大きく変わった。

自分の人生の時間が限られたものであることを初めて意識せざるを得なくなり、自分の夢、ひいては社会になにを残したいのかという思いを、再び明確に意識していた。

そのために作った会社こそ、わたしがいま引き継いでいる、ジャパンビジネスラボだ。

太郎さんは倒れる数日前に、

「会社をつないでいって欲しい」

と、魂を込めたような声でわたしに言った。わたしは、

「大丈夫だから、なにも心配しないで」

と言って、大きく頷いてみせた。その言葉の重さをわたしは誰よりも理解しているつもりだ。そして、この会社のミッションこそが、太郎さんが人生を通して実現したかった夢でもある「世界をより良い方向に導く」ことなのである。

太郎さんは自分の壮大な夢を、会社という組織を通して、仲間と力を合わせて実現していこうと考えていたのだ。

また、太郎さんはその大きな夢を実現するために、いくつかの小さな夢を描いていた。

その一つが「留学」であったことはいうまでもない。

太郎さんはこの留学の期間中、想像をはるかに越えるハードな局面に遭遇するなか、一つ一つをポジティブに捉え、正面から向き合っていっていた。

時には極限まで自分を追い込んで、自分の実力以上の力を発揮しようとがむしゃらになっていたようにさえ思う。そうすることでなのか、不思議なほどに、「縁」という「幸運」に

恵まれていったように感じる。まさに、「運も実力のうち」という生き方をみせてくれたのが、杉村太郎だったのではないかと思う。

どんなピンチも正面から受けて立ち、ポジティブなパワーに変え、奇跡を起こしてみせるのも、やはりその人の心しだいなのではないだろうか。

二〇〇一年七月。ボストンに向け、ニューヨークを発つ前日のことだ。

ニューヨークのアパートから、すべての荷物を運び出した太郎さんとわたしは、がらんとした部屋を見渡していた。三人で暮らしていた時にはなんとなく手狭に感じていた部屋だったが、あらためて見渡してみると、ずいぶんと広く感じられた。

怒涛の一年間の思い出が走馬灯のように頭のなかを駆け巡っていた。

アメリカのマンハッタンに「夢」を追い求めてやってきた一年前、まだハイハイさえできなかった愛莉が、いまでは天真爛漫に部屋中をかけ回っている。季節は移り変わり、愛莉がすくすく育っていく喜びを、まるでわたしたちが夢に近づいているかのように感じながら日々を過ごしてきた。

そしていま、ケネディスクールへの切符を手に入れたわたしたちは、どんな時でもわたしたちを温かく包み込んでくれたこの部屋を、汗だくになりながら磨き上げた。

部屋をあとに、わたしたちはドアマンに鍵を返し、迎えに来たタクシーに乗り込んだ。見送ってくれているドアマンに大きく手を振りながら、徐々に小さくなっていくアパートメントをいつまでも見つめていた。

たった一年しか住んでいなかったマンハッタンだったが、街のいたるところに数多くの思い出が散りばめられていた。

「必ず、家族でまた戻ってきます」

太郎さんがつぶやいたその声がいまでも忘れられない。ケネディ空港に向かうハイウェイを走るタクシーのなかで、わたしも静かに心のなかで同じことを誓っていた。

ボストンに発つ朝は、興奮からか、目覚ましがなる前に目が覚めた。

ホテルのカーテンを開けると、晴天が広がっていた。

わたしはどこまでもつづく青空を眺めながら、

「太郎さん、いよいよだね。ボストンに連れて行ってくれて、ありがとね」

と言うと、太郎さんはニコッと笑いながら愛莉を抱き上げた。

そして、愛莉を高く抱え上げて、

「この子たちの未来のためにがんばるよ」

と満面の笑顔の愛莉を見あげながらそう言った。

ボストン行きのフライトは思っていたよりも短く、あっという間にボストンのローガン国際空港に到着した。

夏のボストンをはじめて見たわたしは、緑と青空の美しさに心がときめいていた。目に映るものすべてが、活き活きと輝いて見えた。ハーバード大学があるケンブリッジ市は、ボストン市とチャールズリバーを挟んだ対岸に位置する。チャールズリバー沿いにはマサチューセッツ工科大学（ＭＩＴ）の白いドームが建ち、世界最高峰の工科大学としての威風を放っていた。そしてそのまま上流まで目を移していくと、レガッタの白いボートが何艘かみえた。

この「ケンブリッジ」という地名からも容易に想像できるように、ここは、イギリスから新大陸を目指して漂着したピューリタンが開拓した土地ならではの歴史を感じさせる街でもあった。立ち並ぶ建物や歩道はレンガで統一され、そこに美しい街並があった。

ハーバード大学があるハーバードスクエア駅前の広場では、人々がチェス盤を囲んでの対戦を楽しんでいた。時には若い青年と、皺が似合う年頃の男性が対戦していて、通りすがりの人が立ち止まって勝負の行方を見守っていた。

世界からの留学生が集うこの地域は、お財布を落としても手元に戻ってくるといわれるほど、治安が良く住みやすい街でもあった。

ここで少しハーバード大学について紹介しておきたい。

設立は一六三六年、全米で最も古い大学であることは有名だが、大学の中心には「ヤード」と呼ばれる芝生が一面に広がり、それを取り囲むようにレンガ造りの校舎が立ち並んでいる。生き生きとした芝生の緑と、抜けるような空の青さ、そこに味わい深いレンガ造りの校舎が立ち並び、伝統校の風格を醸し出していた。

大学の紋章の中心には「VERITAS」と書かれていた。

この言葉はラテン語で「真理」を意味するという。太郎さんもこの言葉を愛していた。

またハーバード大学は、私立のなかでも学費が高額なことで有名だった。

「父はわたしに年間五万ドルもの投資をしています」

と書かれたハーバードのロゴ入りTシャツを着て、「ヤード」を颯爽と歩いている学生を見かけた時には、思わず太郎さんと顔を見合わせ苦笑いをしてしまったものだ。

実際は、奨学金制度も整っていて、授業料が全額免除されるなどの財政援助も充実しているらしい。

そして、太郎さんが合格通知をもらった「ケネディスクール」だが、正式名称は「HARVARD JOHN F. KENNEDY SCHOOL OF GOVERNMENT」という。日本語名の「ケネディスクール」といった方が、その特徴を理解しやすいかもしれない。ケネディ大統領は就任演説の時、Ask What You Can Do（国が君になにをしてくれるかではなく、君が国のためになにが出来るかを考えよう）と言ったが、ケネディスクールのミッションはまさにそのことだった。

この有名なスピーチにある通り、ケネディスクールはケネディ家が、世界平和のためにリーダーが集うスクールとして、莫大な寄付をして創立された大学院であり、この学校の教授陣の大半が、ほんの数年前まで政府の要職についていた方たちばかりだった。

太郎さんが入学した時の大学院長も、クリントン政権下で安全保障担当国防次官補を務めていたジョセフ・ナイ教授だった。

そして、世界中から集まってきている学生も、各分野のプロフェッショナルとして活躍している人ばかりだったので、教授陣と学生が各々の知識や経験をもとにした議論を中心に進むクラス風景を前に、太郎さんは毎日興奮しながら帰ってきていた。

あらためて、このハーバードに留学していた二年間を振り返ると、一つたりとも無駄なことはなかったように思う。日本で経験できないことが日常に溢れていた。

太郎さんも、「夢のなかにいるようだ」と口癖のようによく言っていた。

わたしも、このアメリカで過ごしてきた思い出を、誰かと共有したい気持ちに掻き立てられることがある。しかし残念ながら、その中心にいた太郎さんも、日本から遊びに来てくれていた杉村の父や母も、もうこの世にはいない。

杉村の父はわたしたちが帰国したその年に心筋梗塞で急逝し、母も太郎さんが他界したその一ヵ月後にがんで亡くなっている。

太郎さんの父親は、わたしのことをとても信頼してくれ、杉村家に入りこめるよう、いつも気遣ってくれたように思う。さらに、仕事場にも何度も連れて行ってくれ、多くのことを聞かせてくれていた。杉村ファミリーのこと、父親の仕事のこと、太郎さんのこと、そして父親と太郎さんが膝を突き合わせて「我究館」の構想を練った時のことなどもそうだ。

太郎さんが目指していた世界は、きっと太郎さんの父親が、太郎さんに託したものだったのではないかと思う。それほどに、父親と太郎さんの心は、深いところでつながっていたように感じる。そういった面からも、わたしは残された者として、太郎さんの思いをつないでいかなくてはならないと思っているのだ。

そして、そのことを娘の愛莉《めりい》と息子の楽《がく》という、太郎さんが残した二人の子供にも、しっかりと伝えていかなくてはならないと思っている。ただやはり、わたしの人生の大切な思い出を誰とも共有できないことに、なんともいえない寂しさを感じている。

話は戻るが、太郎さんの留学時代のことについてだ。

太郎さんはそれこそ、本当によくがんばっていた。必死だったと書いてもいいかもしれない。

日本人のケネディスクールの同窓生の方の多くは、既に米国の大学や大学院を卒業されていたり、留学経験がないにしても日本で継続的に英語の勉強をしていて、それこそ英語の弁論大会で優勝したことがある、といった優秀な実力者ばかりが揃っていた。

太郎さんのように留学経験もない。長期間、英語に触れてもこなかったという人は皆無に近かったと思う。太郎さんはそういった面からも、まず「英語のレベル」に大きな不安とプレッシャーを抱えていたようだった。

二〇〇一年九月十一日、ボストンから飛び立った旅客機が悲劇を起こしたまさにその日、ケネディスクールでは入学セレモニーが行われていた。この日は緊急事態を受け、セレモニーだけがおこなわれ、当初予定されていたプログラムはすべて切りあげられて、学生は自宅待機となった。

太郎さんは帰宅するや否や、テレビに映る、ワールドトレードセンターの映像を心配そうに見ながらも、セレモニーでのジョセフ・ナイ学院長の講演について熱く語って聞かせてくれた。

「世界には多くの弱者がいる。その弱者を弱者のままにしておいていいはずがない。君たちが世界を変え、より良い社会に導いていくのだ。
君たちこそ、真のグローバルリーダーとして、世界を変えていくのだ」

そのスピーチの内容こそ、太郎さんが「人生の夢」として掲げていたそのものであったというのだ。カリスマのスピーチと、その強烈なメッセージで、脳天パンチを喰らうほどの衝撃を受けたらしかった。

太郎さんは、それからの約二年間、まるで小学一年生が大きなランドセルを背負って小学校に出かけるような感じで、

「行ってきまーす！」

と大きな声で言って、見た感じからしてずっしりと重そうなリュックを背負って、大学院に出かけていっていた。

最初の数週間が過ぎると、あれほど朝は張りきって出かけていくものの、

「みんなの話していることが速すぎて、なにを言っているのかさっぱり聞き取れない」

と悔しそうに言って帰ってきていた。

さらに二ヵ月くらい経過すると
「なんとなく、少しずつ、聞こえるような気がしてきたぞ」

と嬉しそうに話していた。

更にもう二ヵ月くらいすると、

「教授の言っていることは、なんとか分かるようになってきたけど、学生たちの発言が聞き取れないんだよね。だから講義に思うように参加できないんだよ。なんとかなんないかな……」

と悔しそうに話していた。

クラスでは思うような発言ができずに苦戦していたようだったが、日本人の仲間との絆はどんどん深まっていっているように感じられた。

「ケネディで出会う仲間たちはみんな、心からリスペクトできる人たちばかりなんだ。飛びぬけて優秀なだけでなくて、人柄も最高なんだよね。ケネディの選考ってすごいと思う。リーダーに求められる資質として、そういうところを見ているんだろうね」

そういって、すべての方との出会いに感動しながら、一人ひとりの仲間と、等身大の杉村太郎として向き合おうとしていた。

太郎さんは、よく「全裸作戦」という言い方をしていたが、あまり自身を飾りたてることをしなかった。これも、太郎さんが皆さんから愛された理由の一つだったのかもしれないと思う。それこそ「満艦飾」という言葉にもあるように、衣が付きすぎると大切なところが見えず、逆になにもないところには本質が見えてくるというものだ。

また彼は自分のこと、［杉村太郎］をこう自己分析していた。

「できることとできないことのバランスが悪いのが、僕の弱点だ」

そう言っていた。得意なことは、やはり、人が思いつかないことを考えたり、クリエイティブすることで、人の話を聞いて、そこから本質を学び取る能力は突出していたと思う。

彼が設立した、日本で初めてのキャリアデザインスクール「我究館」と、日本で初めての語学コーチングスクール「プレゼンス」もその一つだと思う。

一方で苦手なことは、マニュアル通りになにかをこなすことだった。たとえパターンで覚えた方が効率的なことに関しても、納得しないと動かないようなところがあった。

例えば、小学生の時に習う円周率3・14という数値にたいしても、なぜ3・14なのかを理解せぬうちに単なる公式として使うことには抵抗があったといっていたほどだ。

また、太郎さんは、高いプライドも持っていたと思うが、一方で、とても謙虚でもあった。

自己評価の高い、得意なことに関しては、

「やるなら世界一」

といって相当なこだわりとプライドを持ってこなしていたが、自分に足りないところは隠さず、知らないことは知らないと正直に伝え、相手が誰であろうとも、その人から学びたいという謙虚な姿勢をみせていた。がむしゃらに努力をする姿も、またカッコつけない点も、仲間から好感をもたれていたようだった。

自らが先に警戒心を取り払い、その人と真剣に向き合う姿勢から、確実にその人の心のなかに棲んでいったのだと思う。

そんな太郎さんの交流の輪は、時間の経過と共に、世界へと広がっていった。

留学生との交流で、いまでも忘れられない光景がある。それは入学から四ヵ月近くの月日が経過し、ケンブリッジの街が雪に覆いつくされ、クリスマスの飾りがハーバードスクエアを美しく包み込んでいた頃のことだ。

ある日、ケネディスクールから程近いハーバード大学のある施設で、留学生有志によるクリスマスパーティが開かれることになった。

参加者は、各々の出身国の手作り料理を持ちよるということだった。

わたしたちは日本から持ってきていた「お好み焼きミックス」で大きなお好み焼きを作って、パーティー会場に持ち込んだ。それこそわたしは大学時代に、お好み焼き屋さんのキッチンでアルバイトしていたので、得意の特製お好み焼きを焼いた。

あらためて、人生どこでなにが役立つかは、分からないものだと思う。

長いテーブルに色鮮やかに並ぶ、各国の家庭料理……。

そのなかでもお好み焼きは、思っていた以上に世界の仲間たちから好評を得ていた。

料理はどれも美味しく、手作り感満載のパーティーは盛り上がりを見せていた。

誰が言い出したというわけでもなく、仲間の一人が持ち込んだクラシックギターを囲んで、自然と歌が始まった。そんななか、ふと一人の男性が太郎さんのところに近寄ってきて、太郎さんの肩をポンと叩き、太郎さんもそれに応えるようにその男性と前に出ていった。

二人はなにか小声で話し合ったあと、マイクを持って、ギターを弾いている男性の横に並んで立った。静かにクラシックギターの音色が鳴りひびき、ギターの伴奏にあわせて二人が渋い声で歌い始めた。

その歌はジョン・デンバーがうたって大ヒットした「カントリー・ロード」だった。

懐かしいリズムに皆がリズムを取りだした。

音楽とは世界共通の言語だとは良くいったものだ。日本人ならば必ず聞いたことがあるのではないかというこの名曲を、世界中の人が知っているということを実感した。

サビのところになると、その男性と太郎さんが見事なハーモニーを取りながら、

「Country Roads, take me home , to the place I belong」

その時、太郎さんが
「Say!」

とジェスチャーを交えながら、前に出てくるようにと呼びかけた。するとそれに応じたかのように、次々と仲間たちが前に出て行って肩を並べはじめた。大合唱になった。

彼らは肩を組み、時に目配せをしながら、左右に身体をゆらしながら気持ちよさそうに歌っていた。その姿は、本当に楽しそうだった。

太郎さんも、その男性とハモりながら、声を張りあげて歌っていた。

太郎さんが会いたかった、世界で同じ方向をみて活躍している仲間たちと、リズムを取りながら歌う太郎さんの姿は、わたしの目には夢を見ているかのように映っていた。

あの入学セレモニーで、ジョセフ・ナイ学院長がスピーチをした世界が、ここに広がっていた。国境を越えた仲間たちが、心を一つに、大きな力となろうとしているように感じられた。

わたしの頬に、自然と涙がこぼれた。

わたしは、太郎さんが留学で求めていた本質を、このときに初めて理解できたように感じていた。太郎さんはこの世界を見つけるために、あの辛いニューヨークでの日々を乗り越えてきたのだろう。

そして歌をうたい終わった時、太郎さんは肩を組んでいた男性と、まるでお互いの友情を確かめ合うかのように抱きあっていた。

あとから聞いたことだが、その男性もいまでは中国の要職についているという。世界から集まってきた志を同じくする各国のリーダーたちが、ここでは国境や文化を超越し、心が一つになっていた。

天から与えられる使命が何なのかは、その時には分からないのかもしれないが、太郎さんがその輪の中心に吸い込まれていっていることは明らかだった。

太郎さんはその与えられた使命を果たすように、すくいあげた麦を一粒たりとも手のひらからこぼれ落としたくないといった感じで、命を削るような勢いで勉学に向き合っていった。

授業を選択すること一つとっても、単位が取りやすいという観点ではなく、自分に足りない力を得たいという観点で、将来自分の役に立つと感じる授業に、挑戦していっていた。

そうはいっても、やはり語学面では、最後まで苦労していたようだった。

とにかく、どの授業も一番前に座ることを徹底していたようだった。そして、こんなことを言っていた。

「いつも一番前に座って、授業が終わったら必ず質問にいく。そうしているうちに、名前も覚えられるようになり、認識してもらえるようになる」

そしてこうつづけた。

「そうこうしていると、授業中も教授と目が合うようになるんだよね。僕も、教授の発言が理解できる時には大きく頷くし、分からない時には表情から伝える。すると教授も、ゆっくり話してくれたり、繰り返し話してくれたりする。しかも、ここぞというときに発言の機会を与えてくれたりするんだよ」

太郎さんはこの留学を通して、確実に苦手なことを克服していっているようだった。

留学というのは、単に語学力や専門知識の取得が目的になるのではなく、人間力、言い換えるならば、主体的に生きる力を習得する、人生の修行のようなものではないかと思う。

そもそも太郎さんは、日本にいるときには、なかなか（知らないことやわからないことを）人に聞くことを苦手としていたらしい。

人に聞くより、自分で調べて自分なりの解決策を導き出すことに意味があると思っていた。

しかし、アメリカに来て、考えが少し変わったそうだ。

異国の地で、文化も思想も違う者同士、なにか分からないことに遭遇したら、それは自分だけでは解決できないということを知ったのだ。

分からないことを、「分からないから、教えて欲しい」と伝えること、困っているときに「助けて欲しい」と相手に伝えることが、なんの抵抗もなくできるようになったと言っていた。

そうすることで、より、相手の気持ちも理解できるようになったというのだ。

四十歳近くになって、この留学という機会を通して、自分の弱みを強さに変えることができた太郎さんは、やはり運にも恵まれていたが、自分を変える素直さがあったのだと思う。

そんな太郎さんは、学業の合間に、どんなことをして息抜きをしていたのか。

仲間との語らい、愛莉との触れ合い、映画もよく見ていたが、あらたに、メジャーリーグ観戦でモチベーションを保っていたようにも思う。

太郎さんはスポーツをとても愛していた。

小学校の時は、野球少年。サウスポーで良い球を投げるとのことで、リトルリーグに入る話もあったらしいが、入団テストの日に興奮して、一人自転車に乗って家を飛び出していってしまい、向かった先は誰もいない練習場……。入団テストの会場をまちがえたのだ。

結局、リトルリーグへの入団テストの機会を失ってしまったといった失敗談を太郎さんの母親から聞いたこともあった。

熊本では剣道少年で、道場の師匠の息子と決勝戦で対戦したものの、敗れ、「あつかー。あつかー」と言って、汗を拭くふりをして、何回も涙を拭いていたという。

中学ではサッカー部、高校ではラグビー部、そしてヨットを始め、大学では逗子マリーナでヨットのインストラクターをしながら、大学の体育会系の重量挙げ部にも一時所属していたとのことだった。

また、自分がスポーツをするだけではなく、観戦することも好きだった。ワールドカップなどは、幼馴染の友人と一緒にゲーム観戦するのが恒例になっていて、観戦中は話しかける隙もないほど集中してゲームを見守っていた。

そんなスポーツ好きの太郎さんが、ベースボールの本場、アメリカでメジャーリーグの試合を見て興奮しないわけがない。

わたしも何度か連れていってもらったが、毎回感動したことを覚えている。

天然芝が敷き詰められたスタジアムは、その青々しい香りと、突き抜けるような青空とのコントラストで、衝撃を受けるほどに美しかった。グラウンドと観戦席の距離も近く、メジャーリーガーがすぐそこでプレーする姿には興奮した。

太郎さんは、ニューヨークでアプライの準備をしていたときには、観戦に行く余裕はなかったが、いつもヤンキースのキャップをかぶっていた。ケネディスクールからの合格通知をもらったあとには、憧れの場所だったニューヨーク・ヤンキースタジアムやニューヨーク・メッツの旧本拠地シェイ・スタジアムにたびたび足を運んでいた。

ボストンに引っ越してきてからは、もっぱら、ボストン・レッドソックスの試合を見にボストンスタジアム「フェンウェイ・パーク」に行っていたようだった。

それこそ太郎さんは自分の勉強部屋に、「ヤンキースタジアム」と「シェイ・スタジアム」

「フェンウェイ・パーク」の巨大ポスターを飾っていた。

少年みたいだなと、くすっと笑ってしまったが、メジャーリーガーがバッターボックスに立つ時の心境と、その時の自分の立場を置き換えて、気持ちを高めていたのかもしれない。自分のエネルギーがさがったときには、スタジアムに足を運ぶかわりに、メジャーリーガーを主人公にした映画のＤＶＤをよく見ていた。

なかでも、こよなく愛していたのが、『オールド・ルーキー』という映画だった。メジャーリーグ史上最年長の、三十五歳でデビューしたジム・モリスの実話をもとにした映画である。これを繰り返し見ては、ジムと自分を重ね合わせ、夢に向かう気持ちを高めていた。

太郎さんは、球場に行くときは、たいていの場合、わたしたちを一緒に連れていってくれていたが、忘れもしないゲームがある。

シアトル・マリナーズのイチローがヤンキースタジアムにやってくることを知った太郎さんは、家族分のチケットを早々に入手してくれた。ヤンキースタジアムには、日本からツアーを組んで応援にきている人たちの姿も見られた。

わたしたちはゲームの合間、観戦席の最前列まで行って、上半身を乗り出し大きな声で、

「イチロー！　がんばれー‼」

「応援してるからなー‼」

と腕を大きく振りながら、声援を送った。気のせいだろうか、いや、決して気のせいなんかではない。イチローは、身を乗り出して大声で叫んでいるわたしたち三人の方を見て、かすかに頷いてくれたように感じられた。

そのあと、二〇〇三年に松井がニューヨーク・ヤンキースにやってきた時も、わたしたちは彼を応援しに、ボストンから五百キロ離れたヤンキースタジアムに駆けつけた。

わたしたちにとって、グローバルな舞台で真剣勝負をしているイチローや松井は同志であった。イチローや松井が、遠い日本からベースボールの本場アメリカにやってきて、メジャーリーグで挑戦しつづけている姿に、太郎さんは自分を重ね合わせていたのだと思う。

太郎さんは、イチローと松井のサイン入り写真を、帰国後も大切にしていた。

それは、いまは会社のエントランスにそっと飾ってある。

そんな太郎さんの学生生活だが、大学院での講義が終わったあとは、図書館に必ず行っていたので、なかなか家には帰ってこなかった。家でも勉強はできるが、やはり周りで真剣に勉強している仲間の姿を見ると、自然とモチベーションがあがるといっていた。

これは太郎さんが設立した語学コーチングスクール「プレゼンス」がグループレッスンにこだわっている理由の一つでもある。

太郎さんは、大学院の講義が終わると、まずはケネディスクールで復習し、そのあと、ハーバード大学の図書館に向かう。そこが閉館になると、さらに夜遅くまでやっている市の図書館に移動して勉強し、きまって夜遅くに帰宅していた。

自宅にいる時の太郎さんは、自分の部屋にこもって勉強しているか、愛莉の傍にいるかのどちらかだった。愛莉が起きている時は、愛莉を片時も離したくないようだったので、そういった思いを断ち切るためにも、外で勉強してから帰ってくるようにしていたのだった。

それこそ太郎さんが亡くなったあと、太郎さんのハーバード時代の親友から聞いた話に、当時の太郎さんの様子が良く分かるエピソードがあった。

ハーバードスクエア駅で大きなリュックを背負って、ストップウォッチを首からぶら下げた太郎さんが、あちらから走ってきたそうだ。一瞬、話しかけようと思ったが、明らかに、いつもみんなと一緒にいる時の太郎さんとはちがう形相だった。そして、自身に気合を入れるように「ヨッシャー！」とこぶしを握り締めて、地下鉄の階段を駆けおりていった。

その友人は太郎さんのその姿に圧倒されて話しかけることができなかったという。太郎さんが真剣に生きていることが、全身から伝わってきたと話してくれた。

太郎さんは、どんな時も真剣に学び、真剣に遊ぶことを楽しんでいた。

いまとなってわたしは、真剣の度が過ぎて、力を抜くことを知らなかったことが、彼の命を縮めてしまった原因のひとつではないかと思っているのだが、それはあとから考えたことで、結果論にすぎない。

ただ太郎さんは、熱く生きることを選び、留学に挑戦していたのだ。

自分が生きているという実感を、感じたかったのかもしれない。

太郎さんは、こうして留学生活三年間も駆け抜け、最後の講義も受け終えた。そして、見事オールAの成績を収め、ハーバード大学ケネディスクールを修了したのだった。

これは、奇跡かもしれない。しかし、確実にいえることは、奇跡を起こしたのは、太郎さん自身だということだ。

ケネディスクールで大きな目標を達成し、夢を一つ実現した太郎さんは、その先に広がる世界を見つめていた。太郎さんはこの留学を通して、最高の仲間たちと出会い、そして自信を取り戻せたのだと思う。そして太郎さんは、この一度きりの人生を通して、自分が心底望む生き方と、社会になにを残したいのかを確信していたにちがいない。

くり返して書くが、それはかけがえのない仲間たちと一緒に、社会をより良い方向に導いていくことだった。

二〇〇三年六月五日。

念願のケネディスクールの卒業式の日がやってきた。

ボストンの六月は、一年で最も美しい季節かもしれない。

一気に木々は芽吹き、花々が咲き乱れ、新しい門出を応援してくれているかのようだった。

ハーバード大学院の卒業式には、自慢の息子や娘の晴れ姿を見ようと、世界中から卒業生の家族が集まってきていた。

太郎さんの両親も、東京から駆けつけて来て、誇らしげに息子の姿を見守っていた。生き生きとした芝生のヤードには特設ステージが設置されていた。

わたしたちはできるだけ近くで太郎さんの晴れ姿をみようと、家族席の最前列の席をとった。

音楽が流れ、日本のような行進ではなく、自由な速度で歩きながら、会話を楽しみつつ、卒業ガウンを身にまとった卒業生たちが入場しはじめた。

みんな、手を大きく振りながら、自信に満ち溢れ、満面の笑顔だった。

会場には、ハーバードのその年の卒業生が一堂にそろった。

圧倒されるような空気が漂っていた。

ビジネススクール、メディカルスクール、ロースクール、教育学大学院、聖学大学院、そしてケネディスクールの卒業生が勢ぞろいしていた。

スクールごとにガウンの色が少しずつ異なっている。

厳かに卒業式が始まり、各スクールの学院長がスピーチをおこなった。

そして最後のクライマックスが感動的だった。スクールの学院長が一人ずつ起立し、卒業生にメッセージを発し呼びかけるのだ。ビジネススクールの学院長が卒業生に向かって呼びかけると、卒業生は偽のドル札の束を頭上高く掲げて歓声をあげた。メディカルスクールの学院長が呼びかけると、聴診器を掲げて声援があがった。教育学大学院の卒業生は厚みのある教育書を、神聖学大学院は聖書を掲げ、誓いの声とも聞こえるような歓声があがっていた。

そしてケネディスクールは、なにを頭上に掲げるのだろうか。

見守るようにして見ていたら、ジョセフ・ナイ学院長の呼びかけで、一同がいっせいに地球儀のボールを頭上に投げ上げたのだ。世界のためにと歓声があがった。まるで、地球のために、世界のために、これからの人生を捧げることを誓っている姿のようにわたしの目には映った。

その光景は、感動とエネルギーに満ち溢れたものだった。

夢のような卒業式が終わり、わたしたちは自宅に戻ってきた。

太郎さんはガウンを脱いで、それをわたしの肩にそっと掛けてくれてこう言った。

「今日は、たこぴの卒業式でもあるからね。このガウンを着てみて」

わたしは夢にも思っていなかったこの展開に戸惑ったが、太郎さんの両親からも

「貴子ちゃん、着てみて」

とうながされ、ついさきほどまで太郎さんが着ていたガウンに腕を通してみた。

そして太郎さんを見ると、太郎さんはカメラを向けて微笑んでいた。

いまでも、ガウンを着て、照れくさそうに笑っているわたしの写真がある。

「たこぴ、支えてくれてありがとう」

こうして、わたしたちの留学生活は幕を閉じた。

この留学生活が、太郎さんだけでなく、わたしをも大きく強く育ててくれた時間であったことはいうまでもない。言い換えるならば、この留学生活が、わたしたちを真のパートナーにしてくれたように思っている。

ボストンから東京へ……、また現実の世界に戻ることに対してもまったく不安はなかった。

むしろ、これから先に広がるだろう景色に胸をときめかせていた。

ここで学んだことを、これからどう活かしていくかは、わたしたち次第である。

将来への夢と希望を胸に抱いて、わたしたちは帰国の途についた。

# 第六章　告知

娘の愛莉は彼の一番大切な宝物だった。産院から退院した日、自分が大好きな海を見せてあげたいと言って逗子の海に連れていった。上はその時の写真。下の写真はボストンの港で乗った船の中で撮影したもの。このあと、かれは娘のおでこにそっとキスしていたという。

二度と還らないものを知れ。

『アツイコトバ』 86ページより引用。

二〇〇三（平成十五）年は強烈な年であった。

最高の喜びと、最高の悲しみが混在した年となった。

最高の喜びとはいうまでもなく、太郎さんがケネディスクールを卒業したこと。

一方で、最高の悲しみとは、杉村ファミリーの太陽のような存在であった太郎さんの父親が急逝したことだ。

六月にケネディスクールを卒業した太郎さんとわたしたち家族は、日本に本帰国する前に、アメリカに永住している父の姉妹たちのもとを訪ねた。

わたしと愛莉にとって初対面であった叔母と太郎さんの従妹たちは口をそろえて、いかにお父さんが偉大な人物であるかを語っていた。

幼くして父親を亡くし、その後、母親までをも亡くした杉村姉妹を、杉村家のたった一人の男児として支え、守り、育てあげた父のことを、叔母たちが心から尊敬し愛していることが痛いほどに伝わってきた。

叔母たちがそろって父のことを「スモール父ちゃん」と呼ぶあたりからも、その気持ちが伝わってくるだろう。そんな叔母たちのメッセージを胸に、わたしたちは帰路についた。

成田空港の上空を旋回する飛行機のなかで、懐かしい日本の光景に目をやった。

どこか懐かしい日本の町並みを眺めながら、三年間を全力で駆け抜けた達成感と同時に、これから始まる新生活に多少の不安を感じながら着陸を待った。

成田空港には、杉村の父と母、そしてわたしの両親が迎えに来てくれていた。

三年前、大きなリュックを背負いながら成田空港の出国ゲートを降りていくわたしたちの背中を、笑顔で送り出してくれた温かい家族の顔が揃っていた。

わたしは、人生で最も尊いものとして、家族がいて、仕事があって、健康がある、これ以上のことはないと思っている。

これ以上、恵まれている、有り難いことはないと思っている。

いまのわたしには、新しい家族の形こそあるが、その前に、家族を失うという経験をしたからこそ、その気持ちが心から沸き起こるのである。


帰国したわたしたちには、目まぐるしい日々が待っていた。

留学中のあのふわふわした気分がまだ抜けるはずもない帰国翌日から、愛莉《めりい》は、留学中に一時帰国をして入園手続きをしていた幼稚園の年少組に通いはじめた。

太郎さんも事業を軌道に戻すことに、全パワーを注いでいるようだった。

留学時代の太郎さんも輝いてみえたが、やはり自分の志で作った会社で夢の実現に真剣に向きあっている太郎さんは、水を得た魚のようにイキイキしていた。

毎日帰宅するのは午前さま、終電がなくなるまで働きづめだった。

太郎さんが尊敬する一人に、ビジネスマンとしても成功を収めている友人がいた。

太郎さんは機会を作っては彼と会い、多くの刺激を受けて帰って来ていた。

太郎さんから聞いた話だが、その友人は、毎晩、リビングのソファで寝ていたらしい。

それは、夜遅くに奥さんを起こしたくないという気持ちと、疲れ果てて自宅に帰ってきて二階の寝室までたどり着けないからだというのだ。

そんな話を聞いた太郎さんは、自分もその心境までやり抜きたいといって、その日からソファで寝る日々がつづいていた。わたしが、

「夜は自分のベッドでぐっすり眠ってほしい」

とお願いしても、いまは自分を追いこむくらいがんばりたいといって、耳を傾けてはくれなかった。

帰国後一ヵ月もすると、そんな生活にさえ慣れはじめている自分がいた。

今度はわたし自身が、わたしなりの新たな一歩を踏み出す時が来たと思っていた。

そんなわたしの背中を押しているものに、過去の経験があった。

留学前、太郎さんの父の仕事関係のパーティが、ある国の大使館でおこなわれていた。

仕事と受験勉強で忙しい太郎さんの代理という名目で、わたしが父に同行していた。

わたしは父の横に並びながらも、太郎さんの名刺を持って、太郎さんの代理で出席している者として挨拶をして回っていた。

そして、かの有名な女性大臣がいらしたので、同じように挨拶をしたところ
「ご主人のことはわかりました。それで、あなたはなにをされているんですか」

わたしは、言葉を失ってしまった。その時のわたしは、日本航空も辞めていたし、家族でアメリカに行くことだけは決めていたが、確かに自分が主体的になにかをしているわけではなかった。

この時、わたしは心に誓った。いまはアメリカに行くために太郎さんを全力でサポートし、その夢が実現したら、今度はわたしが自分の足で歩みはじめようと。そんな気持ちを持たせてくれた、あの大臣にはいまでも感謝している。

そのおかげで、アメリカでの生活においても、小さな目標をいくつか作って、それを実現できるようアグレッシブに生きることができた。

愛莉が幼稚園に行っている時間や、延長保育などを使って、過去にお世話になったマスコミの方々に帰国の挨拶まわりに出かけた。

そこでまた、わたしの前に、あの前髪しかないといわれるチャンスの神様が現れた。

わたしは、その神様の前髪を掴んだ。テレビ朝日のアナウンス部に挨拶に行った時だ。

もう一回、アナウンスの仕事につきたいというわたしに、テレビ朝日のアナウンサースクールでもう一回基礎を習ってみては、とうながしてくれたのだ。

大学生の時に、新人アナウンサーに交じって研修を受け、その後、実践として仕事をさせてもらっていたとはいえ、そこからかれこれ五年近い月日が経過していた。

ふたたび、アナウンサースクールに通うことに若干の戸惑いを感じながらも、太郎さんに相談してみると

「がんばってみたら？　応援するよ」

と言ってくれた。わたしの両親も、わたしが夜のクラスを受講しているあいだ、愛莉をあずかってくれることを快諾してくれた。

それからというもの、わたしは週に数回のクラスに通い、懐かしさのなかで新しい発見にワクワクしながら、ふたたび基礎を学びなおした。

あっというまに数ヵ月の研修期間が経過していた。

そんななか、オーディションの話がいくつか舞いこむようになり、念願のニュース・アナウンサーの機会を掴むことができたのである。

そして季節が冬になり、十二月に入った頃だったと思う。

わたしに司会の仕事で、台湾出張の仕事が舞いこんだ。二日間ほど自宅をあけることにな

る。それまで、わたしは泊まりで家をあけたことはなかったので、ダメもとで太郎さんに相談してみると、太郎さんは
「せっかくの機会なんだから、行っておいで」

と言ってくれた。

わたしの不在時、愛莉の世話は、太郎さんとお父さんでしてくれるというのだ。

わたしは、心置きなく、出張に行かせてもらうことにした。

成田空港まで、太郎さんと愛莉が仲良く見送りに来てくれた。そして、ゲートをくぐる前に振り返ると、太郎さんは大きく手を振って、

「たこぴー。東京のことはなにも心配ないから、お仕事がんばってきてね」

と満面の笑みで送り出してくれたので、わたしは安心して台湾に向かえたのである。

その間、杉村の父がわたしたちのマンションに泊まりに来てくれたようだった。

愛莉の小さなベッドには、父が添い寝をしながら読み聞かせてくれた絵本が置いてあった。

父は、それはそれは孫の杉村愛莉を可愛がってくれた。愛莉がまだわたしのお腹のなかにいる時には、明治神宮に安産祈願に行ってお札をもらってきてくれた。

愛莉が誕生したあとは、毎日、お見舞いに来てくれた。

愛莉の初宮参りの際も、愛莉の小さな真っ赤な着物を買ってくれた。父は家族を愛してい

たし、杉村家を愛していた。それをわたしは、自分が父親だった時に忙しくて子供たちに向き合えなかった分、孫である愛莉との時間を大切にしてくれているというふうに感じていた。

わたしが台湾から戻ってくると、父が読み聞かせてくれたという絵本が、愛莉のベッド脇に積み上げられていた。そして、

「こんなにたくさん絵本を読んでもらったんだ」

と言った時の愛莉の笑顔が記憶に残っている。

父が倒れたのはそれから数日後、週末のことだ。

家族で遅めの昼ご飯を食べに行こうと、車で移動していた時のことだった。

ハンドルを握る太郎さんの携帯電話が鳴った。太郎さんはいつものように、

「もしもし、杉村太郎です」

と滑舌よく、フルネームを名乗って電話に出た。その瞬間、太郎さんの表情が変わった。

電話の相手は母親らしい。

「マミー。わかった。すぐ、向かうから待ってて。大丈夫だからね」

わたしはそんな会話を聞いて、太郎さんが電話を切るのも待てずに
「どうしたの？　ねえ、どうしたの？」

と畳みかけるように太郎さんに聞いた。

父が倒れたらしい。救急車で病院に運ばれたらしいが、蘇生が叶わず息を引き取ったという。あまりにも突然の父との別れだった。

杉村の実家は、わたしたちの住むマンションから、自転車で十五分くらいの距離にあった。それこそ、わたしのお腹に愛莉がいた時などは、

「足元を冷やさないように」

と父は、毛糸の靴下を何度も自転車に乗って届けてくれた。

病院に向かう車の中で、父の包み込むような笑顔が走馬灯のように駆け巡っていた。

杉村の両親の住む家は、見晴らしの良い丘の上に立っていた。

父は近所の人たちからも、とても慕われていた。現役を引退したあとは、もっぱら家事は父がしていた。洗濯物は、自宅の屋上に干していたが、その時も大きな声で

「これから洗濯物を干しまーす」

と言ってから洗濯物を干していった。母は

「恥ずかしいから止めてください」

とよく言っていたが、父は

「いいじゃないかー」

と、ニコニコしていた。それこそ夕方、ピンポーンとベルが鳴るので、母が出ると、

「ご主人いますか？」

とご近所の方が立っているので、用件を聞いてみると、

「雨が降ってきたので、お洗濯ものを入れた方がいいですよとお伝えください」

こんなこともあったという。

日課であるジョギングも毎朝欠かさず、犬の散歩をしている近所の人、お巡りさん、商店街の中でも人気者であった。定期的に地元のクリニックでも検診を受けていた。

つい先日には血圧を測ったり健康診断を受けたばかりだったようで、その際に先生から、

「杉村さんは百歳まで生きますよ」

とお墨付きをもらったと言って、嬉しそうに話していた矢先のことだった。

しかし、よくよく聞くと、ここ数週間、奥歯が痛いといって何度か歯科治療を受けていたのだったが、痛みは引かなかったらしい。それこそ、心臓に起因していたのかもしれない。

また後日、近所の人たちから聞いたことだが、毎朝ジョギングに出ていた父のうしろ姿がここ最近、苦しそうだったという。

父が坂の途中で立ち止まって、肩で大きく息をしている姿を見かけたという人もいた。

倒れたその日は、夕飯の食材を買いに坂の下のスーパーに一人で出かけた帰り道だった。

その時も、珍しいことに父が坂の途中で立ち止まって、坂の上を見上げていたと近所の方

から聞いた。

きっと兆候はあったに違いない。しかし、それを気力で乗り切ろうとしたのではないか。

そんな父の体調の変化を誰も気がついてあげることができなかった。

父は、スーパーからの帰り道、なんとしてでも家まで辿り着こうと、坂を上りきり、自宅の呼び鈴を鳴らした。母が玄関の扉を開けると、そのまま力尽きるように玄関に倒れこんだという。

母は救急車を呼ぶことが精いっぱいだったのだろう。太郎さんは悔やんでいた。

自宅にＡＥＤさえあれば、父は助かっていたかもしれない。

なぜ、体調が悪いことに気付いてあげられなかったんだろう。太郎さんは、父とのあまりにも突然の別れを受け無になっていた。生前の父が遺した言葉に従い、葬儀は家族葬で執りおこなわれたが、太郎さんは父が遺した紋付き袴に袖を通し、父のぬくもりを感じていた。

あの時のわたしは、なにもしてあげられなかった。

太郎さんにかける言葉が見つからず、ただ横にいるだけだった。

無力だった。当時のわたしは、まだ、身内との別れを経験したこともなく、本当の意味で、その辛さ、寂しさ、悲しさ、儚さを共有することができなかった。

いまでこそ、わたしは太郎さんを亡くし、太郎さんの両親を亡くし、実の父親も亡くし、人の命がどれほど尊いものか、人との永遠の別れが、どれほど苦しいものかを知っている。いま、あの時の太郎さんに会えるのならば、かけたい言葉が溢れでてくるが、あのころのわたしは未熟だった。

太郎さんに、本当の意味で寄り添えていなかったかもしれない。

父の四十九日には、杉村家の墓のある熊本に、母と太郎さん、わたしと愛莉で行った。

母と太郎さんは、それこそ都落ちをして家族で熊本に身を寄せていた時のことを懐かしそうに話していた。父親が東京から家族に会いに帰ってくるときには、決まって東京でケンタッキーを買ってきてくれたという。

もうとっくに冷めてしまっているケンタッキーのチキンだったが、その味は忘れられないくらい美味しかったそうだ。そして家族が揃ったお祝いでホテルで食事をしたという。

わたしたちは法事の際には必ず、その思い出が詰まったホテルに宿泊するようにしていた。

そして四十九日が無事終わったころ、今度は太郎さんの母親が体調を崩した。

血尿が出たというのだ。急いで病院に行って検査をしたところ、膀胱がんが見つかった。

わたしたちに衝撃がはしった。

あんなに気宇壮大で元気だった父が突然この世を去り、あれほどまでに明るく元気だった母までも病に倒れた。そんな最中に父の遺産の相続が始まった。

父は、命をかけて守ってきた杉村家を太郎にしっかりと引き継ぎ、守っていってほしいと切望し、遺言状を残していた。そこにはこう書かれていた。

「すべての財産を杉村太郎に引き継ぐ」

しかし、太郎さんは姉と妹を説得し、すべての財産を母が相続するように決めた。

そしてその手続きは実質的にすべて太郎さんがおこなった。


話は変わるのだが、それより数年前のことである。

わたしたちがアメリカに渡って二年目を迎えるころ、我究館が難局を迎えていた。

東京サイドでは経営が厳しいことを受け、融資を受けることを検討していた。しかし、監査役だった太郎さんの父親がその話を突っぱねた。

「融資を受けるくらいならば、会社をたたみなさい」

これは父自身が、融資を原因として会社が傾き、家族を熊本に送り出さなくてはならなかった辛い経験をして、融資のこわさを誰よりも知っていたからだった。

そんなに簡単に融資を受けるべきではない、という確固たる経営のポリシーを持っていた。

実際、その父の一言によって、会社を守ることができたといっても過言ではない。

東京サイドは融資という道を断たれ、絶壁に立たされた状態で踏ん張り、無事にその難局を乗り越えることができたのである。また太郎さん自身も、そんな父親の苦労していたうしろ姿を見ていたので、一度も銀行の融資を受けることなく、堅実な経営を貫いてきたのだった。

太郎さんは帰国直後から我究館とプレゼンスを軌道に載せるべく、体力を使い切っていたところだった。

そこに、突然の父の死、父の四十九日、相続の事務作業。目まぐるしいという言葉では片づけられないほどに忙しい日々がつづいた。

そこに、今度は母が倒れた。検査、手術、退院、サポート。

太郎さんの身体には体力の限界をはるかに超える負荷がかかっていたにちがいない。

精神的にも限界に近いところを、かれは気力のみで走りつづけていたのだろう。

当時のわたしには、そんな太郎さんの心境を、全部は理解することができていなかった。

太郎さんが人生で最大に悲しみ、苦しみ、もがいている時に、わたしは太郎さんの心に寄り添うことができていたのだろうかと思う。

そんなある日のことだった。太郎さんが首の横を指で擦《さす》りながら、

「ここにしこりがあるんだけど、どうなってるか見てみてくれない？」

と、言ったのは。

これがまさかがんであるなど、この時は想像するはずもなかった。

太郎さんは走りながらも、もっと身体を休め、心もリラックスさせながら生活するべきだった。ビジネスから三年も離れたことで、気持ちが前のめりになっていたのかもしれないが、もう少し、余裕を持ってものを考えればよかったのに、そう思うのは、いまさらながらのことなのだろうか。

自分がゆっくりくつろげる場所で一息ついて、休むことも大切なのだ。


人それぞれ、最も落ち着く場所があるだろう。

太郎さんにとって、それは海だった。

二〇一二年八月。

太郎さんが亡くなってから一年後、わたしはなんら迷いなく太郎さんの遺骨の一部を、横浜の海に還した。

海は彼にとって、母であり父であり彼の一部でもあったと思っている。

言い換えれば、彼がもっとも彼らしく、「杉村太郎だけ」らしくいられたのは、海だったのではないだろうか。

いまでも太郎さんの魂は、大海原で生きつづけているとわたしは信じている。

じつは、愛娘が誕生した時も、太郎さんは彼女の名前を「海」からとった。

「愛莉」という名だ。

愛莉と書いて「めりい」と読む。

この名前に込められた思いは、「聖母マリア」のように、人を包み込む愛情あふれる女性になってほしい。そして、この「マリア」こそ、「マリン」を語源とするというのだ。産まれたばかりの小さな娘を抱きしめながら、海のような聖母マリアのような愛溢れる人生を送ってほしいと、嬉しそうに話して聞かせてくれた太郎さんの声を思い出す。

太郎さんにとって、海は母であり、まさに特別な場所だったのだ。

太郎さんが「自分はがんという病気である」ということを知った時には、がんを発症してから、すでに十ヵ月近い月日が経過していた。

「あの時、なぜあれほど海が見たかったのか、いまようやく分かった」

となにかを悔いるようにつぶやいていたことを思い出す。

とにかく、全力で突っ走りつづけてきたあの時の太郎さんは、魂レベルで海を渇望していたのだろう。それを直感としてどこかで感じながらも、その感情を自らの意志で押し殺し、忙しさに身を任せていたのだと思う。

しかし、太郎さんは海には行かなかった。このことを、あとから後悔していた。〈あの時、なにかをあと回しにして海に行っていたら、もしかしたら病気にならなかったかもしれない〉、そんなことを思う。

しかし、運命とは皮肉なものだ。彼は海を訪れなかったのだ。太郎さんにとって、海は彼の一部だったのかもしれない。いや、太郎さんが海の一部だったのかもしれない。

それこそ、太郎さんは高校生の時に、こんな不思議な経験をしている。

鎌倉沖でヨットが漂流しかけてしまった時のことだ。どんどん江の島が見えなくなり、沖に流される。近くには船一つ見えない沖まで流されてしまう。

体力の限界。

意識も朦朧としてきて、「死」という一文字が頭をよぎった時、銅鑼を鳴らしたような音が聞こえた。それと同時に、いままで聞いたことのないような低い、男性の唸るような声が聞こえてきたというのだ。

「太郎、太郎」

そしてその声はこう言った。

「こんなところで死ぬな」

確かに聞こえたという。その声に呼び起こされるように、気力を振り絞って頭を上げると、目の前に「龍」が現れた。龍はふたたび、

「太郎、こんなところで死ぬな」

と言った。そして、それだけ言い残すと、その龍は消えていったというのだ。

そしてその龍が消えた先に、ぴかっと光るものが見えた。それは海上保安庁の船の光だった。太郎さんは、残りの力を振り絞って、手を振りつづけた。

そして、本当に意識を失う瞬間に、救助された。

その話を太郎さんがわたしに話してくれた時、太郎さんは、

「あの龍ってなんだったんだろうか」

と言っていた。そして、あの声は、誰の声だったのだろうかと言っていた。

わたしは、

「ご先祖様の声かもしれないね」

などと答えた。

そして、この話にはつづきがある。

あの江の島の先端に、洞窟があるのをご存じだろうか。

ある日、わたしたちはその、江の島の先端にある洞窟に入っていった。

わたしも太郎さんも、そこに行ったのは初めてだった。そんなところに洞窟があることさえ知らなかった。

その洞窟の入り口で、思わずわたしは太郎さんを呼び止めてしまった。

立て札があり、そこにこの洞窟の歴史的な由来が書かれていた。

その洞窟こそ、古来から龍が住んでいるとして祀られていた場所だったのだ。

そして、鎌倉時代に幕府の執権として、蒙古の襲来を退けた英雄、北条時宗がこの場所で龍から神託をもらったとの言い伝えも残っているというのだ。

まさに太郎さんが漂流して龍の声に救われたのも、この島の沖合の海であった。

太郎さんにわたしはこう言った。

「太郎さんを助けてくれたのは、この龍なんじゃないの」

太郎さんもその場に立ちすくんでいた。

それから、太郎さんはよりいっそう海を近くに感じるようになっていた。

そしてある日、わたしは、なんの心の準備もない状態で、太郎さんからの電話で

「がんだっていうんだ」

と、告げられた。それはまったく予期せぬ答えだった。

奇病の検査を受けたはずではなかったのか。

母のがんの手術が終わったばかりなのに、太郎さんまでもがん？

なぜ、がんがこれほどまでに見つからなかったのか。

一番最初にしこりを見つけてから、既に十ヵ月近くも経過していた。

わたしは、太郎さんに聞きたいことばかりだったが、

「太郎さん。あとはわたしに任せて。大丈夫だから。これから病院に電話していいかな」

そういうのが、やっとだった。

太郎さんが電話口で言った言葉がいまでも忘れられない。

「『がんです』って。がんの告知って、本人に知らせないとか、重々しいものかと思っていたけど、こんなに自然体で言われるんだね」

そして、

「僕ががんだと分かったら、先生も専門病院に行った方がいいというんだ。看護師さんも、

とても優しく声をかけてくれるし」

こういった医師のひと言ひと言、もしくは看護師の行動一つ一つが、太郎さんを不安に駆りたてていたようだった。太郎さんは、今日はとりあえずこのままオフィスに戻りたいといった。

太郎さんとの電話を切ったあと、わたしはその場に居合わせた、最も信頼していたママ友から、

「大丈夫？　どうしたの？」

と声をかけられた。わたしは、

「いま、太郎さんから電話があってね。太郎さん、病院に行っていたの。検査をしていたんだけど、いま結果が分かって、がんだって……」

と、答えた。するとはっきりとは思い出せないが、おそらく、気を遣って励ましてくれたのだと思うが、彼女の言葉をぼんやりとだが覚えている。

「大丈夫だよ、貴子さん。いまはがんだってだいぶ治る時代になってきてるから。太郎さんだから、絶対大丈夫だよ」

こんなことを言ってくれたように思う。しかし、その言葉は、わたしの心の奥まではまったく届くはずもなかった。むしろ、なぜそんなに楽観的に思えるのか、とさえ思っていた。

これまで楽観主義で生きてきたわたしだが、そのわたしでさえ、そう思ったのだ。

どうしよう。

いや、どうしたらいいのか。

いま思い返すと、経験したことのないほどのパニックに襲われていた。

まず、その先生に会いに行かなくてはならない。その先生から、直接話を聞かなくてはならない。震える手で病院の代表番号のダイヤルを押し、耳鼻咽喉科の外来につないでもらった。電話口に出た看護師の方に
「もしもし、わたし、さきほどまで診療でうかがっていた杉村太郎の妻、杉村貴子です。あの、主人から連絡がありまして、今日、検査結果を聞きに伺ったらがんであると言われたとのことで、病院についてもご紹介をくださるとのお話があったようなのですが、いまからわたしがお伺いしてもよろしいでしょうか」

「少々お待ちください」

と言って、数分間の保留の音楽が流れた。

わたしの頭のなかは、真っ白であった。先生と話すことが怖かった。

真実を聞かされることが、怖くて怖くて仕方なかった。

でも、ここまで太郎さんは、孤独にこの恐怖に対面していたのかと思うと、自責の念に襲

われた。

「もしもし、先生がお会いするそうなので、これから来られますか？」

「ありがとうございます」

「どの位で、こちらに来られそうですか」

「三十分程度あれば、伺えると思います」

「わかりました。外来は終わっていますが、二階の耳鼻咽喉科の外来までいらして、看護師に声をかけてください」

「わかりました」

「お気をつけて」

なにも考えられなかった。

なぜだ。あんなにがんばってきたのに、なぜ太郎さんががんになるのか。

半年近く通った自宅近くの大学病院では、首のしこりの原因は特定されなかった。

もっと大きいところで見てもらいなさいと紹介された先が、そこの病院だったのだ。

きっとなんでもなく、すぐ治る。なんの根拠もなかったが、そう考えていた。

混乱しながら一筋の光を見つけるかのように、僅かな希望を持ち一人その病院に向かった。

行く先は、目黒区にある独立行政法人の国立病院機構。

そこは太郎さんの父親が救急搬送され亡くなった病院でもあった。義父が逝ったあの日以降、わたしはこの病院に足を踏み入れたことはなかった。きっと太郎さんも、そうだったにちがいない。

この時は不吉というようなことは考えなかったが、この道は、約一年ほど前、太郎さんの父親が病院に搬送されたという一報を受け、家族で病院に向かった道でもあった。

その悲しい思い出のつまった病院に、太郎さんが何度も通い、そこで自分の不可解な症状に悩んでいたのかと思うと、胸がえぐられるような思いがした。

病院に到着したころは、外来診療が終わっていた時間帯だったので、駐車場には車が数台しか停まっていなかった。駐車場は妙に広々と感じられた。

わたしは車を駐車するなり、正面玄関の自動扉をくぐり、エスカレーターで二階に向かった。いつもはこのロビーに人々が溢れているが、この時間帯の病院は静まり返っていた。耳鼻咽喉科の外来待合に到着したところ、看護師が人気を感じたのか出てきてくれた。

「先程お電話をしました、杉村です」

「お待ちしてました。そちらで少々お待ちください」

白いソファに腰かけ、数分経過した頃だろうか。ふたたび看護師の方が現れ、

「なかにどうぞ」

と目の前の診察室に入るよう促された。

「失礼します」

トントントン。ノックをして引き戸を開けると、白衣を着た医師が、カルテらしき書類をぺらぺらとめくっていた。わたしは初対面の医師に一礼してなかに入り、恐る恐る椅子に座ると、その医師からこう告げられた。

「ご主人なんですが、検査をした結果、がんだということが分かりました。それで、どこの病院に行かれますか」

あまりにも唐突な言われかたを受け、わたしは、そういうことだったのかと思った。検査を重ねてなかなか原因を特定できなかった時、不安がっていた太郎さんに医師は、

「わたしが付いていますから大丈夫ですよ。安心してください」

と励ましてくれたと言っていた。しかし、がんと分かった途端、

「他の病院に行った方が良い」

と言われ、ショックだったと言っていたのだ。

がんと分かったら、それは既に耳鼻咽喉科のはんちゅうでないことは十分に理解できる。しかし、それをダイレクトに伝えられた患者は、まるで医師に突き放されたように感じるのではないだろうか。太郎さんは電話口でとても落ち込んでいるようだった。

わたしは、その場でできる限りの情報を得たいという一心で、医師にいくつかの質問をしたように覚えている。

「太郎さんが、がんとのことなんですが」

「進行がんですので、一刻も早く専門病院に行かれた方がいいと思います」

「こちらで診察をするより、専門病院に行った方がいいということですか」

「がんと分かったからには、専門病院に行かれた方がいいとわたしは思います」

「どこのがんなんですか」

「それは分からないのですが、首のしこりは転移のようです。これからがんの専門病院でしっかり検査をした方がいいと思います」

「どこの病院がいいのでしょうか」

「がんセンターとかがん研とかですかね。どなたかお知り合いの先生はいらっしゃいますか」

「いいえ」

「それでは、どちらがいいですか」

「分からないです」

「では、先ずはがんセンターに紹介状を書きましょう。できるだけ早く、そちらを受診してください」

あれこれ聞きたかったがそれ以上、なにも聞けなかった。これだけの情報で、あの時の私にとっては精いっぱいだった。

わたしは国立がんセンターの紹介状をもらった。

がんの種類は生検の結果で分かっているが、場所は特定できていない。しかし、悪性度の強い、進行がんであるようだということだった。与えられるすべての情報が、わたしにはネガティブにしか聞こえず、そこに希望を見つけることのほうが難しかった。

わたしは、医師と話しても、彼の身体になにが起こっているのか十分に理解できないことに苛立ちを感じながら、信じられないことが起きてしまっている現実を受け、不安と恐怖に支配された密室にとじこめられたような感覚におちいった。

いま思い返せば、太郎さんが原発不明癌という希少がんだったがゆえに、その医師は、症例数の多い、がんの専門病院の頭頸部の専門医に診てもらった方がよいと言ってくれたのだと思う。しかし、あのときのわたしたちにそこまでは、まだ理解できなかった。

わたしは、その医師の言葉を受け、一刻も早くがんの専門病院に太郎さんを連れて行かなくてはならないと感じ、専門医を紹介してもらえるようお願いをし、診察室を出た。

なにがどうなっているのか分からなかった。

とにかく、太郎さんががんということだけしか分からなかった。

ふたたび待合室のソファに腰かけて待っていると、先ほどの看護師さんが現れ、封がされた紹介状を手渡してくれた。

そこには、国立がんセンターの頭頸部腫瘍科のドクターの名前が書かれていた。

頭頸部腫瘍科……、これまでかかわったことがなかった診療科の名前を見て、わたしは事態の重さをあらためて実感したのだった。

どの道を通って帰ったのかも記憶にない。

太郎さんががんになるなど、まったく思ってもいなかった。

それこそ一時間前まで、太郎さんがまさかがんであるなどと考えもしなかった。

自分に言い聞かせる言葉はただ一つ、絶対大丈夫ということだけだった。

これだけ人のために、駆け抜けるように生きてきた太郎さんの命を、天がそう簡単に奪うはずがない。

どんなことがあっても、わたしが彼を支える。

そして、どんなことがあっても、わたしが愛莉を育てあげると、言葉にこそ出さなかったが、心にそう誓っていた。

春を間近に感じられる二〇〇五年三月のことだった。

# 第七章　誓い

【原稿の執筆】

2004年秋から冬にかけて、がんの告知を受ける寸前、彼は『アツイコトバ』を執筆していた。そして、自分の本を書くためにもいつもメモを手放さなかった。

感情を捨てよ。

『アツイコトバ』　20ページより引用

愛莉《めりい》は、こんなことを言っていた。

「わたしは病気のお父さんしか知らない」

そうなのだ。わたしたちが帰国した翌々年、愛莉が五歳の時に太郎さんはがんと告知された。

太郎さんが、数え年四十二歳で本厄の年だった。

首のしこりが見つかってから一年近くものあいだ、わたしたちは、まさかそれががんだとは思うはずもなかった。

太郎さんは自他ともに認める、強靭な体力の持ち主だったので、全力疾走するエネルギー全開の太郎さんからは、まったく想像すらしていなかった病名だった。

あとから彼も自分でそう言っていたのだが、がんになってもどこも痛くもないし、それまでとなにも変わらないのに、告知されたその瞬間から病人になることに心がついていっていないようだった。体力が著しく落ちたわけでもないし、まったく自覚症状もなかったのだ。

ただしこりが少しずつ大きくなっていく、得体のしれない不気味な感覚だけは、常につきまとっていたのだろう。

それが、ある日を境に、がん患者と告知され、突如として、死を意識したのだ。

そこには、本人になってみないと理解も想像もできないような感情が渦巻いていたのでははないかと思う。

しかし、わたし自身も、それまで太郎さんと同じ夢を見て、同じ方向を向いてその夢を叶えようと共に走ってきたパートナーとして、その衝撃は計り知れないものだった。それこそ、朝起きたら髪の毛が全部白髪になっていてもおかしくないほどのショックを受けた。

あの日、太郎さんからの電話を受け、

「がんだっていうんだ」

という声を受話器越しに聞いた時、わたしは娘といっしょに、親しい友人家族と、うどん屋さんでご飯を食べていた。そこは、わたしたち家族のお気に入りの店で、太郎さんとも頻繁に通っていた思い入れがある店だった。

しかし、あの日以降、あの電話をとった時の感情を思い出すので、わたしは五年以上にもわたってその店に足を踏み入れることができなかった。あの好物の味が、一気に失せていったのをいまでも思い出す。

太郎さんからその電話を受けた時から、わたしの人生は大きく変わった。

目の前の景色が、ただ目に映っているだけのものとなり、美しさや愛おしさも感じられなくなった。それまで親しい人の死に直面したこともなかったわたしには、死は別の世界の出来事であった。

時間は無限にあると思っていた。だから、がんばれば、努力すれば、それだけの成果も結果もついてくるものだと思っていた。

人生をなにもわかっていなかった自分がすけて見える。

太郎さんからの電話を受け、わたしはそれこそ時間が止まったような感覚に陥った。

しかし、ここでわたしが絶望しても始まらない。わたしが、太郎さんをなんとしてでも守ってあげなければならない。そうも思った。

これから、わたしたちになにが起こるのだろうか。生きるために道を探しつづける日々が始まったのだということを、まだ実感できていなかった。


あの日、わたしは医師からがんを告げられ頼みの綱である紹介状を握りしめて待合室を出た。そのうしろ姿に、看護師さんが「がんばってくださいね」と声をかけてくれた。

その言葉の持つ意味の重さを感じながら、わたしは病院をあとにした。

がらんとした駐車場にもどったとき、ふと見あげた空がどんより曇っていた記憶がある。

わたしは携帯電話を取り出し、できるだけ力強く声を振り絞って、

「太郎さん、お疲れさま。わたしもいま、病院に行ってきたよ。先生も診てくれるって言ってたけど、専門医の先生に診てもらった方がいいと思って、がんセンターの紹介状をもらっ

てきた」

わたしは太郎さんに嘘をついた。そして
「明日、がんセンターに行こう。予約はいらないみたいだから。大丈夫、わたしがついてるから。絶対に治そう。大丈夫だからね」

わたしは、「大丈夫」と自分に言い聞かせていたのかもしれない。

太郎さんは、ただ一言、

「ありがとう」

と受話器の向こうでいっていたように思う。

その後、わたしは、なんともいえない不安と心細さを感じながら、車のハンドルを握った。どの道を通って帰ってきたか定かではないが、きっとなにも考えたくなかったのだと思う。絶対に大丈夫、そう自分にも言い聞かせることが精いっぱいだった。

そうでもしないと、やりきれなかった。

次の日、わたしたちは、築地にある国立がんセンターに向かった。

いつもだったら、無類の車好きだった太郎さんが必ず運転席に座るのが常だったが、あの日はわたしがハンドルを握り、太郎さんは後部座席に座っていた。

それこそ何ヵ月ものあいだ、投薬だけでたいした検査も行われず、無為の時間を費やしてしまった大学病院の前を通り過ぎた時の無念の思いは忘れられない。

そんな時、目の前のタクシーが妙にゆっくり運転しているように感じられ、わたしは苛立ちから思い切りクラクションを鳴らした。いま思うと、わたしの行き場を失った怒りと悲しみに満ち溢れた叫びに近かったのかもしれない。

クラクションを鳴らされたタクシーの運転手は窓を開け顔を出し、なにかこちらに暴言を吐いているようであった。わたしは、

「これから大事な診察を受けに行くから急いでいるのよ」

と、叫び返したい気持ちを抑えることで必死だった。

その時のわたしの心境は、荒れてささくれ立っていたように思う。

一分一秒でも早く、太郎さんを病院に連れて行きたいという一心だった。

時間を争うほどに急いで病院に行ってもしかたないことくらい頭では分かっていたが、それほどまでに、わたしの気持ちは焦っていたのだと思う。

国立がんセンターは光を多く取り入れた、とても開放的な病院だった。

わたしが車を運転していた時の荒《すさ》んだ気持ちが、自然と消え失せていくのを感じた。

総合受付で紹介状をわたすと、二階にある頭頸部腫瘍科に行くように指示された。

そこで待つこと一時間くらいだったろうか、順番が回ってきた。診察室に入ると、紹介状

に目を通されたドクターが待っていた。そして、丁寧にわたしたちの質問に答えてくれた。

「まだこちらで検査をしていないので、なんとも言えませんが、杉村さんのがんは原発不明癌という部類に入るかと思います」

多くの疑問を抱えていたわたしたちは、一つ一つドクターに質問をしていった。

「原発不明癌って初めて聞くのですが……」

「頸部にできているしこりは転移で、どこから飛んできているのか、その原発がどこにあるのかは現段階でまだ見つかっていない、という状態です」

「どこのがんか分からないということなんですか」

「生検の結果によると、がん細胞の種類は扁平上皮癌と出てきているので、転移の出ている場所から考えても、おそらくこの頭頸部に原発があると思われますね」

当時のわたしたちにとって、「頭頸部」という言葉は聞きなれないものだったが、脳と脊髄、目を除いた顔面から頸部、鎖骨のあたりまでの部分を指すということだった。

「原発が不明なのに、転移だけが大きくなるということですか？」

そんながんがあるのか、信じられなかった。

「原発はとても小さいか、もしくは見えにくいところに隠れていて、飛ばす力が強く、転移のほうが先に大きくなって発見されるということがあります」

「初めて聞いた病名なのですが、先生は診られたことはありますか」

「それほど多くはありませんが、これまで数例診たことはあります」

「その患者さんは治ったんですか？」

「そうですね。そんなに症例をもっているわけではありませんが、ちょうど三分の一ずつのような感じで、転移しているリンパ節を切除して抗がん剤で叩き、その後、経過観察して再発が起こっていないケースと、その後、原発が大きくなってきて、どこのがんか分かってくるケースと、最後まで原発は分からず亡くなられるという方がいらっしゃいましたね」

そして……。もしこのまま、国立がんセンターで治療を受けるならば、まずは一ヵ月先にMRIの検査予約を入れて、それから数ヵ月先に手術の予定となるといわれた。

しこりを見つけてから既に一年近い月日が経過していたわたしたちは、あと数ヵ月先まで治療ができないという事実を受け入れられるほど心の余裕はなかった。

だからといって、行くあてもないわたしたちは、まずは検査の予約だけ入れてもらいながら、セカンドオピニオンも別にもらいに行くということで医師にはお願いをした。

診察室をあとにし、会計に向かう途中で太郎さんが、

「この病院にいると、落ち着く」

とつぶやいたことがとても印象的だった。

他の病院では、自分ががんであることに孤独感を感じたが、同じ病気と闘っている同士の姿からも、勇気を貰えたようであった。大きなその病院には、多くの人たちが行きかっていたが、その表情は決して暗くなく、むしろ穏やかな表情のように思えた。

そしてわたし自身も、不思議なほどに安堵感を感じていた。


わたしたちは自動会計機で会計を済ませ、病院の最上階にある見晴らしの良いレストランに向かった。

太郎さんは、たしかハンバーグ定食のようなものを注文していた。いま思えば、太郎さんが食べたいものを、なに不自由なく食べられていたあの時期はかけがえのない、貴重な時間だったと思う。

病院をあとにしたわたしたちは、車のなかでなにを話したのだろうか。

ただ、病院に向かっていた時よりはずっと心穏やかな気持ちでいたことは覚えている。

無性に娘に会いたくなったわたしたちは、その足で幼稚園に向かっていた。

幼稚園の門を開けると、これまでの苦悩がどこかに飛んでいくような感覚を覚えた。

子供たちの天真爛漫な笑顔と天使のような笑い声に救われるような気がした。

多忙を極めていた太郎さんが、幼稚園に愛莉《めりい》をお迎えにくることは、これまで滅多になかったので、愛莉の喜びようはなかった。

太郎さんも、どれほど愛娘の笑顔に救われたことだろう。

そして、この娘のためにも、なんとしてでも生きなくてはいけないと思ったにちがいない。

わたしたちは、家族で手をつないで、幼稚園をあとにした。そして、

「どこに行く？」

と愛莉に聞くと、

「大きなお風呂に行きたい！」

わたしたちの週末の過ごし方のひとつに、近所の温泉ことスーパー銭湯に出かけることがよくあったのだ。そこでゆっくり大きなお風呂に入って、サウナにも入って、一風呂浴びたあとのかき氷をつつくのが、わたしたちの楽しみでもあった。

わたしたちにとっては、お風呂上がりはビールでなく、かき氷だった。

前にもふれたが、わたしは結婚してから、太郎さんとお酒を飲みに行った記憶が、ほぼない。家で、二人でお酒を飲んだこともなかった。

太郎さんは、人とのお付き合いも好きだったし、そういう時には、お酒を楽しんで帰ってきているようだったが、わたしの前ではお酒を飲まなかったのである。

愛莉が生まれたあと一度、あかちゃんの世話に疲れていたわたしを、気分転換にといって結

婚式を挙げたホテルのレストランに連れだしてくれ、二人で乾杯をしたのが最後のカクテルだったように思う。

寂しくなかったか、と訊かれれば、嘘になるかもしれない。しかし、太郎さんは

「いつも原稿のことを考えていたいんだ」

と言っていた。

お酒を飲むと考えることができなくなるから、飲まないようにしていると言っていた。

そんな太郎さんは、いつも小さなメモ帳をおしりのポケットに入れていて、わたしが話したことでさえも、気になることがあると、

「たこぴ、もう一度言って」

と言って、メモをしているほどであった。いつも、アンテナを立てていたかったのだろう。

それこそ、新婚旅行でギリシャの島々に行った時のことだ。

エーゲ海を望む断崖絶壁に聳え立つペンションに泊まったあの日も、夜になると、太郎さんは壁に向かってキーボードをたたきつづけていた。そのうしろ姿は、まるで感情を込めながらピアノを弾いているかのようだった。ワープロの画面になにか話しかけているように打ち込んでいるかと思いきや、天井を見上げながら鍵盤をたたくピアニストのようでもあった。

ある時、太郎さんはこんなことを言っていた。

「僕が原稿を書いている姿をみて、驚いたでしょう。びっくりされると思ってたから、いままで誰にも見せたことはなかったんだ」

と自負するほどに、太郎さんは、全身全霊で本を書いていた。

その本こそが、『絶対内定』だった。そして、こうも言っていた。

「僕は、遺書を書いているくらいのつもりでこの本を書いているんだ」

「僕が死んだあとも、この本を読んだ若者にすべてが伝えられるように」

「爪の先からすべての思いが文字となって、血が出るような思いでこの本を書いている」

それくらい、彼が全てのエネルギーを込めて、書き上げていた本であった。

わたしは『絶対内定』は彼の分身であるといっても、過言ではないと思っている。

実際、彼は倒れる数週間前まで、この本を書きつづけていた。

それほどまでに彼は、『絶対内定』を書くことをすべてに優先させていた。


話はもどるが、愛莉を迎えに行ったわたしたちは、車を三十分くらい走らせて温泉に向かった。

わたしは、まだ五歳だった愛莉に、

「今日は、パパと入る？　ママと入る？」

と聞くと、

「パパと入る！」

と大喜びでせがむ娘を前に、太郎さんも顔をくしゃくしゃにして嬉しそうだった。

「愛莉とゆっくり、お風呂を楽しんできてね」

そう言って、わたしは男風呂ののれんに消えていく二人の姿を見送った。

そして、わたしは入浴券こそは買ったものの、のれんをくぐる前に、どうしても電話をかけたい人がいた。わたしはゆっくりとお湯に入っていられるような心境ではなかったのだ。誰かに助けてほしかった。誰かに、「大丈夫」と言ってほしかった。

わたしが電話をかけた相手は、ボストンに留学していた時の友人だった。

家族ぐるみでお付き合いをしていたそのファミリーは、ご主人が外科医で、私の友人だった奥さんは、元看護士だった。

彼女からご主人が折ったという虫眼鏡で見るほど小さな折り鶴を見せてもらったとき、「わたしが知る限りで、世界で一番手先が器用な外科医だと思う」とご主人のことを話していた。愛莉がボストンでけがをした時にも、親身になってケアをしてくれた、心優しいご家族だった。

わたしは焦る気持ちを抑えるので必死だった。

気持ちを落ち着かせ、やっとの思いで、彼女の自宅の電話番号をダイヤルした。

「もしもし」

運よく、彼女が出てくれた。

「もしもし、杉村です。貴子です」

「貴子さん、元気だった？　どうしたの？」

とても、優しくて快活な声が聞こえてきた。

「あのね…、太郎さんががんって言われたの」

一瞬、言葉を失っていたようだった。

「え、太郎さんが？　貴子さん、大丈夫よ。もう少し詳しく教えてくれる？」

わたしは、やっと気持ちを吐露できる相手を見つけた安堵感から、すべての不安を吐き出すように話しつづけた。

最初は首のしこりが気になって診察を受けはじめたということ。

原因不明で国立病院に紹介されてもなお、原因が分からなかったこと。

生検を依頼してがんと判明した時には、すでに十ヵ月近く経過していたこと。

そして今日、国立がんセンターの頭頸部で、原発不明癌と診断されたという、私が知っているすべての情報を彼女に伝えた。すると彼女は

「明日、太郎さんと多摩の病院まで来れる？」

と、言ってくれた。

「ありがとう」

「パパには、伝えておくから。気を付けてきてね」

ご主人はボストンから帰国後、東京多摩地域の某総合病院に勤めているとのことだった。

そしてご主人はがんの専門医ではないが、そこの病院で詳しい検査を早くした方がいい、と言ってくれた。

「本当にありがとう。ありがとう……」

わたしが床に座り込んで話しをしていると、遠くの方に、頬が赤くなった太郎さんと愛莉が楽しそうに歩いてくるのが見えた。気付かなかったが、随分と話しこんでしまったらしい。

その表情から、ゆっくり温まったのだなと安堵しながら、友人に礼を言って電話を切り、わたしはなにごともなかったかのように二人に駆け寄った。

その日、わたしは温泉には入らなかったのだが、きっと二人は、わたしがお風呂から先にあがって待っていたと思っただろう。

どうしたら、太郎さんを助けられるか。誰に頼ったらいいのか。

これまでまわりに闘病する人がいなかったので、どのように対処すればいいのかまったく

わからなかった。そんな、心細くて、なにをしたらいいかさえ分からなかったわたしに、

「明日おいで」

と、真っ先に手を差し伸べてくれた友人への恩は決して忘れない。

次の日、わたしはソワソワする気持ちを抑えながら、愛莉のお弁当を作り、朝一番で彼女を幼稚園に送っていった。

そして夫婦で多摩にある病院に向かった。この日は太郎さんがハンドルを握っていた。この日はいまでも鮮明に思い出すほど、空がとてもきれいに晴れわたっていた。

病院に隣接する駐車場は混雑していたが、駐車スペースに車を停め、散った桜の花びらを踏みしめながら、〈もしかしたら、今日、原発を見つけてもらえるかもしれない〉という期待を込めて、病院の建物を見上げた。

太郎さんは病院からもらってきたCT画像や生検の検査結果の資料一式が入った大きな茶封筒を抱えていた。

わたしたちは、友人に言われた通り、指定された時間に、外科外来のソファに腰かけて待っていた。ドクターの担当表が目に写ったが、そのなかには、ご主人の名前も書かれていた。

ボストンで家族ぐるみで動物園に行ったり、子どもたちの誕生日会でお祝いをした、あの

幸せな日々が走馬灯のように頭のなかを駆け巡っていた。

しばらくすると、あの懐かしいご主人が白衣姿で現れた。

とても寡黙な方だが、一見してその誠実さが伝わってくる方だった。

「杉村さん、先ず診察室にどうぞ」

太郎さんは通された診察室で丸椅子に腰かけた。

いくつかの問診を終えたあと、首のしこりをみせていた。先生は、太郎さんが差し出した封筒からCT画像を取り出し、光にあてた。その優しい目が、一瞬で鋭い目つきに変わり、舐めるように画像を見始めた。そして
「小さながんでも見つけられるというPETという検査もあるのですが、あいにく、うちの病院には置いていないので、もう一度CT検査でできるだけ細かい断層を撮って調べてみましょう」

そういって、検査室に案内してくれた。わたしは検査が行われている間、ずっと祈るような気持で、検査室に点灯している使用中のライトを見つめていた。検査が終わり出てきた太郎さんの話によると、先生が直接、撮影室に入って、放射線技師の方に指示を出しながら撮影をしてくれたとのことだった。

太郎さんには不安そうな表情はなく、とても感謝している様子で落ち着いていた。

その後、ふたたび診察室に戻り、名前を呼ばれるのを待った。

なかに通されると、無数に映し出されている断面画像を前に、

「できるかぎり細かい断面を撮ってみたのですが、やはりこれといって疑わしい箇所はみつかりませんでした」

そして、耳鼻咽喉科についてくるようにといわれ、わたしたちはあとについていった。

二階にあがり、耳鼻咽喉科の前にくると、ここで少し待っていてくださいと言われた。

なかで先生同士がなにか話をしてくれたのだろう。ふたたび先生が出てくると、

「わたしは外科医なので、ここから先は、耳鼻咽喉科の先生におつなぎすることしかできませんが、わたしにできる必要な検査は、できる限りしっかりとさせていただきました。あとは、耳鼻咽喉科のドクターから話を聞いてください」

そう言って、とても丁寧に礼をされて、階段をおりて行かれた。

国立がんセンターでは、再検査を受けるのは一ヵ月先と言われていたので、これだけ緊急に丁寧に検査をしてくれた友人家族の厚意には、感謝をしてもしきれないほどであった。

そして、耳鼻咽喉科で待つこと数分だったろうか。

外来の診療時間は終わっている時刻だったので、待合には誰もいなかった。

「杉村さん、杉村太郎さん」

と呼ばれ、わたしも太郎さんの後に続いて、診察室に入っていった。

そこには、先程、撮影したばかりの画像を見つめている医師の姿があった。

「杉村さん、あらためてそのしこりを生検に回してみますので、もう一度、組織を取らせてもらえますか」

太郎さんは、しこりのある頸部を医師に差し出すようなかたちで座りなおし、医師が太郎さんの頸部に注射器のようなものを刺して組織を採取した。

わたしはその様子が痛ましくて目を背《そむ》けてしまった。

そのあと、ふたたびかなりの時間をソファで待っていた記憶がある。

その時の会話は、ほとんどなかったのではないだろうか。

しかし、名前を呼ばれて診察室に入ったと同時に、その医師の表情から良い知らせではないのだろうと察知できた。

「杉村さん。まずCTでかなり細かく断面を切って調べてもらったのですが、やはり原発巣は特定できませんでした」

それだけ細かく断面をみてもわからないなんて、なぜなんだと思った。

すると太郎さんが、静かに口を開いた。

「結核でも、頸部にしこりが出ることがあると聞いたのですが」

「しこりの感じからすると、結核の症状にも見えるので、わたしも結核だといいと思って生検で調べてみたのですが、やはり、扁平上皮癌が見つかったということなんです」

「では、結核という可能性はないんですね」

「種類がまったくちがうので、残念ながら結核ではありません」

「ちなみに、がんということですが、ステージは…」

「進行がんです。頸部のリンパ節に転移しているので、ステージはⅢです。悪性の強いがんのようです」

医師が話すコトバは耳には入ってきていたが、頭のなかでの情報処理が追い付いていかなかった。

「ステージⅢ」

「進行がん」

「悪性度の強い、進行がん」

頭のなかで、うそだ、そんなはずはない、なにかのまちがいだ、とくり返していた。

医師はつづけてこう言った。

「杉村さん。これから、ジェットコースターのような…」

この先の言葉はもうわたしには聞こえてこなかった。

ジェットコースターのように、あの言葉のあと、なんと言っていたのだろうか。上がったり下がったりする？

治ったと喜んでいたとしても、また再発する可能性がある？

なにを言っていたのか、わたしにはもう理解する余力は残っていなかった。

わたしたちは、現実を知ることを先延ばしにすることなく、この日に知ることができたのだったが、この時の心情は、現実を突き付けられた、と書いたほうが近かったかもしれない。

いったいこの先、どうしたらいいんだろう。

そうだ。今日、友人のご主人が言っていた、あのＰＥＴという検査を使えば、原発が見つかるかもしれない。ＰＥＴ検査を受けられる病院を、一刻も早く見つけよう。

わたしはそう自分に言い聞かせた。なんとか希望をつなごうと必死だったのだと思う。

そして、太郎さんにも、

「昨日、国立がんセンターの先生が言ってたじゃない。いま、原発が分からなくても、三分の一の人は、転移を取り除いて抗がん剤治療を受けたら、治ってしまったケースがあったって。だから、早く手術をして、抗がん剤治療を受けさせてもらえる病院をさがそう。ＰＥＴを受けられる病院を探そう。絶対に、大丈夫だから」

わたしは、自分にも言い聞かせるように太郎さんに話していたのだと思う。

駐車場への帰り道、ちりばめられた桜の花びらが、とても寂しそうに見えた。

こんなに桜の色が、さみしい色だと感じたことは、これまでもこの先も一度もなかった。


それからの数日間、太郎さんはどんな気持ちで過ごしていたのだろう。

振りかえると、太郎さんは帰国してから、がむしゃらに走りつづけてきた。

いや、帰国してからではない。わたしが知る限り、太郎さんはずっと、がむしゃらに走りつづけてきた。

太郎さんと出会った時のわたしは二十歳、太郎さんが三十二歳だった。

その後、彼と再会し、彼の思い、彼の一生懸命、ひたむきに走りつづけるその姿をみるたびに、わたしは彼を応援してあげたいと思うようになっていった。

そして、いつからか、彼と一緒に走りたい、と真剣に思うようになっていた。

走りつづける太郎さんのまわりには、一人二人と仲間が増えていった。そして気が付けば、太郎さんのうしろには多くの仲間が付いてきてくれているようになっていた。

しかし、帰国してからの太郎さんは、わたしから見ても明らかに焦っているようだった。

留学したことで得られた数々の経験とかけがえのない仲間との出会いがあり、失いかけていた自信も取り戻していた。

人生の宝ものになるキャリアを手に入れた一方で、ビジネスマンとしての空白の三年間をなんとか取りもどそうと必死だったのだろう。

連日、夜遅くまで仕事をし、睡眠時間も少ない上に、良質な睡眠をとることも拒んでいた。

太郎さんは、まるで自分で自分を痛めつけ、自分を覚醒させる状況を自らの手で作っているかのようだった。

そんな太郎さんにわたしは、こと細かく注意をしていたことを思い出す。

「働きすぎだよ」

「寝るときくらいは、ちゃんとベッドで寝ないと疲れが取れないよ」

太郎さんは、きっと口うるさい妻と思っていただろう。

わたしの言葉は太郎さんに届くことはなかったのだろう。

そんな時だった。

太郎さんの父が亡くなり母ががんになった。

すべてのサポートに追われていた矢先に、自分の首にしこりを見つけたのだった。

そんな人生の分岐点に立たされた時期に、太郎さんはふたたび筆をとって『アツイコトバ』を書きあげたのだった。

それはあの『絶対内定』に書いたメッセージを社会人に向けて発信した本だった。

『アツイコトバ』は冒頭、「きみは今、生きているか。生きている実感はあるか」という問いかけではじまる、彼が魂を込めた40のコトバの集まりである。

そのなかの39番目のコトバが「二度と還らないものを知れ」だった。

「突っ走ればいい」

「ただ、世の中には取り返しのつかないことがある」

「そのことも、知っていなければならない」

そして、

「取り返しのつかない事態になって泣き濡れて自分を責めつづけても還ってはこない」

最後に、こう結んでいる。

「いま、きみは突っ走るだけでいいのか。きみはそれでも突っ走るだけでいいのか。いまなら間に合う」

なんと皮肉なことだろう。

当時を思い返すと、しこりに違和感を感じながら太郎さんはこの本を執筆していた。

彼はまさかこのしこりが、がんであるなど思ってもいなかったはずだ。

しかし、彼の第六感はなにかを感じとり、この39番目の言葉を書きつづったのであろう。

原稿を書き終えた太郎さんが、この『アツイコトバ』の原稿をわたしに見せてくれた時の清々しい表情が忘れられない。わたしは時々、このコトバを彼の遺言として読み返すことがあるが、このコトバにあたるたびに、なんとも言えない複雑な気持ちになる。

そして、最後の40番目のコトバがこれだ。

「死ぬ気でやれよ、死なないから」

彼は、死を意識するほどに、真剣に生きていたのだろう。

もしかしたら、彼は「生」と「死」についてなにかを予感していたのかもしれない。

『絶対内定』のことを、当時まだ三十四歳だった太郎さんは、自分の遺書だとわたしにいっていた。その『絶対内定』のメッセージを書き下ろしたアツイ思いが、一言一言に詰まっている『アツイコトバ』の表紙は、燃えるような、血のような赤であった。

わたしは、その原稿を読ませてもらった時、手に取って、本当にいいと思うよ、と率直な感想を伝えた。

太郎さんは安心したように言った。

「たこぴがそう言ってくれると、自信になる」

太郎さんは、不思議なほどに、こんなわたしに感想を求めてくることが多かった。

意外だと思われるかもしれないが、本のこと、講演のこと、留学のこと、会社のこと、わたしはできるだけ客観的な意見として、素晴らしいことは素晴らしいといい、厳しい意見もそのまま彼に伝えるようにしていた。

いま思うと、わたしは彼の妻というより、同志、パートナーだったのかもしれない。

九十八年に結婚して二〇〇〇年に長女が誕生するまでの間、わたしは太郎さんの秘書のようなことをしていた時期もあった。

講演会に同行しては、聴講席の一つに座って、講演を聞いている学生さんの表情や反応を細かくメモし、彼にフィードバックをしていた。交流会などがある際には、太郎さんの代理で出席するなどし、彼の名刺を配って挨拶まわりをするようなこともあった。

わたしは最初、彼の走る姿を眺めていただけだったのかもしれないが、その真剣な姿に、自分も一緒に走りたくなっていったのだと思う。

いまでもたまに思い出す光景がある。

これも新婚旅行でギリシャの島々に行った時のことだ。

エーゲ海のミコノス島という、風車が有名な島で、わたしたちは地図を買った。

〈島の先端のエーゲ海を見てみたいね。どうなっているんだろう〉。

そんな好奇心から、わたしたちはレンタルバイクを借りた。二人乗りをしてオリーブ畑を走りながら、わたしは太郎さんの腰に手を回し、しっかりと彼につかまっていた。誰も走っていないガタガタ道を、全身にエーゲ海の風を感じながら。ただ太陽を目指して走りつづけた。

自然と沸き上がる、雄叫びのような声を上げながらわたしたちは走りつづけた。まるで十代のカップルのような感覚。

わたしは、振り落とされないように必死に彼にしがみつきながら、こう思った。いや、誓ったのかもしれない。

「なにがあっても、この人についていこう」

英語の地図だけを頼りに、漠然と島の岬を目指して走りつづけたわたしたちは、エーゲ海に大きな太陽が沈む姿に間に合った。

わたしは、生き生きとした、新しい世界を見せてくれる太郎さんを尊敬し、愛していた。目的地にたどり着いた時の達成感は、いまでもわすれられない。

あの日から六年半経ったいま、わたしたちは新たな試練に直面していた。

「死」というわたしにとって、それはいままで、一度も頭によぎることのなかった文字であった。

しかし、この「死」を意識したわたしは、ますます太郎さんを愛おしく感じていた。わたしの想いは「この人についていこう」という気持ちから、「この人を絶対に守らなければならない」という決心に変わっていた。

最初に首のしこりを見つけてから約十ヵ月もの月日が経過していた。太郎さんは『アツイコトバ』を書き終えた、その直後にがんを告知され、自分の身体が原発不明癌という希少がんに侵されているという現実を知ることになったのだった。

これからをどう生きるのか。

これまで無限に感じていた「生」の時間を、どう生きていくのか。

常に選択を迫られる日々が始まった。

# 第八章　闘病 その一

【音楽】

高校時代、ギターが得意で仲間とバンドを組んだり、プロの歌手としてデビューしたこともあり、音楽は得意で大好きだった。
最初の手術を受けたあと、声が出にくくなり、そのことでピアノを習い始め、ギターとはまたちがう音楽を楽しんでいたという。
社員の結婚式では自身のピアノ演奏を披露した。イーグルスの「デスペラード」を弾き語りできるように練習して、本番で歌ってみせてみんなを驚かせたという。

とにかく前へ進め。

『アッシジ』

『アツイコトバ』　4ページ、91ページより引用

「とにかく前へ進め」という言葉は、『アツイコトバ』の40のコトバのなかには入っていないが、これは太郎さんが彼の父親からもらった言葉だ。

「このひと言に助けられ、そのたったひと言から、絶体絶命の状態から人生が開けていった経験を何度もした」と彼は言っていた。

きっとあのころの太郎さんも、この父親からもらった言葉をふたたび信じ、気持ちを奮いたたせていたにちがいない。

太郎さんの志としていまでも生きつづけている会社、ジャパンビジネスラボ。

社内で一番賑やかな場所であるスタッフルームの一番奥のスペースが、太郎さんの席であった。

いまはわたしがそこに座っているが、デスクの横には、仏壇が置いてある。

太郎さんが愛したヨットをイメージした小さな骨壺の横に、小さなラグビーボールが飾ってある。そこには、太郎さんの直筆で、

「ガンになってよかった、と思える人生を送る」

と書かれている。

ある日を境にがんと告知され、最初は、運命とはなんと残酷なものなのかと、失望と憤りさえ感じたと太郎さんは言っていた。

「なぜ、自分ががんになるのか」

「なぜ、このタイミングなのか」

なんのために、これほどまでに全力で突っ走ってきたのか。

走れば走るほど、やりたいことが次々と出てきて、それを一つ一つ形にしていくことが彼の生きる原動力になっていたのだろう。

「夢」に少しずつ近づいている感覚を肌で感じていた、その矢先に、稲妻に打たれたようながんの告知。

医学の進んだいまの時代、がんは死と直結してはいないかもしれない。

しかし、太郎さんが告知されたそのがんは、これまでまったく耳にしたこともない、原発不明癌（頸部リンパ節転移）という、希少がんの一種だった。

リンパ節への転移があることから、通常の原発が特定されているがんでいえば、ステージは既にⅢともⅣともいうことで、原発不明癌でいえば、平均生存期間も三〜四ヵ月から十一ヵ月程度といわれていた。

実際に、太郎さんも、五年生存率は一けたに近いようなことを医師から言われていたようだった。

想像してみてほしい。全力で夢を追いかけていたある日、突然がんと告知されただけでなく、あなたの生命はあと数ヵ月で終わるかもしれないといわれたら、あなたはどのような心境になるだろうか。

まさに、これから新しく、なにかを始めようとしていた時期だったのに……。

最初に首のしこりに気付いた時にがんと分かり、すぐに治療が受けられていたらと、その後悔は、最後まで消し去ることはできなかっただろう。

しかし、悔やんでいてもなにもはじまらない。そう、

「とにかく、前へ進め」

この言葉に勇気づけられ、太郎さんは一歩ずつ歩みを進めていっていた。

すでに三つの総合病院で数々の検査を受けていた太郎さんだったが、これから先、意志を持って、がんの治療を受ける病院を決めなければならなかった。彼はこう言った。

「たこぴ、がん難民ってことばを聞いたことある？」

がんという病気に直面した患者が、治療方針に悩み、治療をしてくれる医師や病院を探し

求めてさ迷い、途方に暮れていくことを指す言葉だという。

毎日が岐路に立たされている感覚。

一つ一つの選択と出会いが、すべて生死を分ける。

わたしたちは、一刻の猶予もないなかで、命をあずける医師を探しはじめた。

太郎さんのうしろ姿からわたしは、絶望と不安を前に進むエネルギーに変えているかのような印象を持った。

わたしも真剣だった。

そんな矢先のことである。太郎さんが、真剣なまなざしの奥にかすかな期待を滲ませる表情でこう話しかけてきた。

「我究館のＯＢが、親戚の元がん研のドクターを紹介してくれるっていうんだ。明日会ってくるね」

その言葉には力が感じられ、わたしもかすかな光を感じるような感覚を覚えた。

翌日の朝、太郎さんは、

「行ってきます」

と、まるでなにかを宣誓するような大きな声で挨拶をして出かけていった。

それと並行して、わたしもできる限りの力で医師探しに奔走していた。

大学時代のゼミの先輩が、医療機器メーカーに勤めていることを思い出し、連絡をとった。

「先輩。ご無沙汰してます」

「おお。福ちゃん、どうした？」

「まだ周りの人は知らないんですが、太郎さんががんになって……」

「え、そうなんだ……。福ちゃん、大丈夫だよ。僕でなにか役に立てるかな」

「ありがとうございます。いま、ドクターを探しているんですが、どなたかご紹介いただけませんか」

原発不明癌で頸部のリンパ節に転移があること、これまで医師から説明を受けてきた内容を伝えた。すると先輩は、

「頭頸部の先生を直接は知らないんだけど、頭頸部のがんの専門医リストがあるから直ぐに送るね。いまはこれくらいしかできないけどがんばって。祈ってるから」

本当に心強かった。

先輩から送られてきたファックスを手に取って、名医とされる医師の顔写真と各々のコメントを何度も読み返してみた。しかし、なんの伝手もないわたしたちが、一体どうやったら、この先生たちにアプローチできるのだろうか。

そんなことを漠然と考えながら、わたしはそのファックス用紙をファイルにしまった。


その夜、太郎さんは頬を紅潮させて帰ってきた。

わたしがなにかを聞くよりも早く
「たこぴ、本当に素晴らしい先生だったよ」

と、とても嬉しそうな、安心したような表情を見せた。

「これが『赤ひげ先生』っていう感じの素晴らしい先生だった」

「よかったね。その先生に診てもらえそうなの？」

「いや」

「え？」

「その先生は、頭頸部の専門ではないらしいんだ。だから、同じがん研出身の頭頸部の先生を紹介してもらった」

良かった……。また一つ、治療に近づけた気がした。

その先生のいる病院名を聞いてみると、先ほど先輩から送られて来たリストに載っていた病院であった。

「太郎さん、その病院にはわたしも一緒に付いていくからね」

がん患者の家族。

がんセンターに太郎さんと行ったあの日、わたしは一枚のポスターの前で足を止めていた。淡い色調で優しい絵が描かれていたので、一見して目がとまったのだが、そこには、

「患者さんのご家族は、第二の患者さんです」

と書かれていた。

たしか、家族向けのカウンセリングを周知させている内容だったと思う。

わたしは、そのポスターを呆然と眺めながら、そうか、そうだよなと、しみじみ感じながら、ポスターの前で立ち尽くしていた。

そのポスターの絵を、いまでもわたしはフラッシュバックのように鮮明に思い出すことがある。がん患者を支える家族も、まさに第二のがん患者なのだ。

彼の治療は、わたしの治療でもあった。

その夜、港区にある専門病院の頭頸部腫瘍センターに行くことに期待を膨らませながら眠りについた。

そして、翌日。

太郎さんからの電話で、はじめて「がん」と聞いた日から一週間が経過していた。

あの日から、確実にわたしたちの運命は変わった。

それまでも一日一日を懸命に生きてきたと思っていたが、これほど生きていることを実感する日常ではなかった。この日の朝、いつものように娘を幼稚園に送り出し、わたしたちは港区の総合病院に向かった。

いまは建て替えてしまっていて立派な病棟を備えているその病院も、当時はまだ古い建物で昔ながらの病院の面影を残していた。

あとから知ったことなのだが、その病院は、がん診療に大変力を入れており、診療科毎にセンター方式を採用していた。センター方式は、外科医が中心となって、各種専門分野の有機的な協力関係のもとで、各科の垣根のないチーム医療を実践することに特徴があった。

他院との連携も積極的に進め、多岐にわたる治療の選択肢を最大限に確保できる医療体制を目指し、専門性に基づく高度な医療を提供していた。

太郎さんが赤ひげ先生に紹介された頭頸部腫瘍センターは、まさにその年に開設されたばかりの新しい診療科だった。

わたしたちは、受付で頭頸部腫瘍センターにきたことを告げると直接二階にあがるよう指示された。二階にはセンターの受付があり、ちょうど病院のなかに専門病院があるようなイメージだった。それほど広くなかった待合室には数人の方が腰かけていた。

ソファで待つこと、三十分くらいたったころだろうか。

「杉村さん、なかにお入りください」

と看護師さんに呼ばれて、わたしは太郎さんのうしろにつづいて診察室に入った。

そこには、白衣をきた、白髪の、見た感じからベテランと見て取れる医師が座っていた。

なにを話したか、聞かれたのかはあまり覚えていない。

しかし、どこかで見たことがある顔。

その医師は物腰柔らかく、太郎さんも信頼して心を開いている様子だった。

わたしは、きっとこの病院でこれからお世話になるのだろうな、と直感しながら、太郎さんの後姿をみていた。ふと我に返ると、太郎さんが
「先生。よろしくお願いします」

と深々と頭をさげ、立ちあがっていた。

わたしもあわてて一礼し、太郎さんにつづいて診察室をあとにした。

ふたたび待合室のソファに腰かけ、

「太郎さん。とても良い先生でよかったね。ここで治療してもらうことに決めたんだね」

「本当に良かった。先生が、手術を二週間後に入れてくれるって」

太郎さんの横顔から、とても安堵した表情がうかがえた。

先週がんセンターに行った時には、検査は早くて一か月後。

それから治療方針を立てるので、オペは早くても三ヵ月〜半年先といわれて不安で仕方がなかったことからすると、救われたような気がしていた。

しこりが見つかってから、かれこれ一年近くが経過し、日に日に大きくなっていくそのしこりを、一日も早く切り取って、なくしてほしかった。

わたしは、今朝ふと手に取りカバンに入れてきた、あの〝名医リスト〟をカバンから取り出し、広げた途端、目を疑った。

「太郎さん。さっきの先生、この先生に似ていない？」

リストの一番上に顔写真付きで紹介されている医師。

まさに、先ほど診察室で対面していた先生だったのだ。

わたしはすぐ目の前にあった受付の方に、

「いま、わたしたちが診察していただいた先生は、こちらの先生ですか」

とリストを指しながら確認すると、受付の女性は「そうですよ」と優しく笑顔で頷いてくれた。

なんということだろう。その医師のコメント欄には、このように書かれていた。

「わたしたちは、患者さんが〝社会復帰〟あるいは〝職場復帰〟できることを目的とすべきだと思っています。機能障害を持ったことで、患者さんの社会生活が制限されたり、それまでの環境が変わったりすることがないように、わたしたち医師は最善を尽くし、機能を残す努力をすべきです」

つまり、病気の治療だけでなく、がん治療後のＱＯＬ（生活の質）を、治癒率と同等に重要だと考え、治療後の障害・後遺症をいかに小さくできるか、いかに早く社会復帰できるかを考え、診療に向き合っているという。

わたしは、何度も何度もそのコメントを読み返していた。

太郎さんは、その時、四十一歳。本厄の年であった。

そしてわたしは、三十一歳を迎える年であった。

たとえ、五年生存率が一けたといわれても、それがすべてではない。

［確率ではなく、可能性にかけろ。］

これまで何度も奇跡を自らの意志で起こしつづけてきた太郎さんだから、絶対に大丈夫だとわたしは信じていた。だから、不安になりすぎることはなかった。

いよいよこれからだ、と覚悟を決めたと書いた方がいいかもしれない。

前述したように、この病院の、特に頭頸部腫瘍センターの医師は、太郎さんの担当医師を筆頭にして、より垣根を取り払った高度な医療体制を築きたいという思いをもって、この病院のセンター開設と同時にがん研から移ってきた医師たちがそろっていた。

開設したばかりということもあって、とてもスムーズに検査とオペに進めたこともまた奇跡だったのかもしれない。

二週間後にオペを控え、太郎さんは小さなラグビーボールを買ってきた。

そして、ペンをとって、そこに、

［ガンになってよかった、と思える人生を送る。］

と書き込んだ。

この時、彼は、なぜ自分が、という負の気持ちから、絶対に生きてやる、そして、復活して、がんにならなければ見えなかった世界観をもって、世の中にさらに貢献していきたいという強い気持ちを持ちはじめていたのだと思う。

そのためにも、なんとしても、病気と闘い、病気を克服しなければならなかった。

太郎さんは、二週間後に手術を控え、それまでに片づけておかなくてはならない仕事に向き合うとともに、自分の身体のことを伝えておきたかった親友にも会いにいっていた。

その一人に、太郎さんが尊敬し信頼していたNさんがいた。

太郎さんが亡くなる直前、自宅で倒れた際に、わたしはNさんに電話をした。その時、N

さんから初めて教えてもらったのだが、太郎さんは彼にこんなことを言っていたのだという。ロジャースというのはNさんのあだ名である。

「ロジャース、俺は絶対にがんに負けない。心臓が動くかぎり、最後の細胞一つになるまで、生きつづけるから見ていてくれ」

太郎さんは、そう言っていたという。

二週間後のオペはリンパ節転移を切除するだけにとどまり、原発巣が不明である以上、さらに見えない敵と闘いつづけなければならないことを意味していた。

しかし、できることを、一つ一つやっていく。

逃げない、弱音を吐かない、恨まない、憎まない。

きっと、そう誓ったのではないかと思う。

実際、太郎さんが弱音を吐いたことが一度だけあった。まだ担当医が決まらない時期に

「なぜ、自分が、このタイミングでがんになるのか」

と言っていた太郎さんは不安で押しつぶされそうだったのだろう。

しかし、それ以降、彼の口から、辛い、苦しい、もうイヤだといったネガティブな発言は、じつに一度も耳にすることはなかった。

まさに〝がんになってよかった、と思える人生〟を歩んでいたのだと思う。

入院前のある日、わたしは病院から渡された入院手続きのしおりを読みながら、自宅で入院準備をしていたが、当時の心境に不安はなかった。

「大丈夫。絶対大丈夫」と自分に暗示をかけるように言い聞かせていたといった方がいいかもしれない。「死」の文字は、いっさい頭になかった。

いや、「大丈夫」という自分の声にかき消されていたのかもしれない。

この先、太郎さんは幾度も手術と抗がん剤治療、代替治療、放射線治療を受けることになるのだが、わたしは一度たりとも、彼の死を意識したことはなかった。

本当に「絶対大丈夫」と、信じていた。

原発巣が分からないならば、転移を早期発見し切除していけばいい。

そのうち、必ず、がんが治る薬ができるはずだ。そんな日が来るまで徹底的に闘おう。わたしにはその覚悟ができていた。

手術を数日後に控え、わたしは病室に大きな袋を幾つか運びこんだ。

太郎さんは、その荷物を見て、

「そんなにいらないよ」

と言っていた。その時のわたしは、まだ入院の要領が得られないでいて、なにからなにまで持ってきていた。

「洗濯とかできないだろうし、一応多めにね」

「たこぴも、愛莉《めりい》の世話とかいろいろあるだろうし、毎日は来なくていいからね」

その表情は、どことなく寂しそうに見えた。

「なにいってるの、愛莉もパパに会いたいだろうから、できるだけ毎日来るからね」

愛莉は、パパのベッドに乗って、ベッドのリモコンで遊んでいる。

そんな無邪気な娘は、わたしたちにとって、心のオアシスのような存在だった。

気持ちがマイナスに引き込まれそうになったときに、愛莉の笑顔をみると不安が晴れていくだけでなく、この子のためにも、何としてでも太郎さんには強く生きていってもらわなければならないと思えてくるのだった。

この頃の太郎さんは、がんといっても、食欲が落ちるわけでもないし、特別顔色が悪いわけでもなかった。

まったく、がんと宣告される前と変わらないようにさえ見えていた。

思い返すと、太郎さんの手術の前、わたしは一度、太郎さんのいないところで、先生に会いにいったことがある。

外来枠で予約を入れ、先生に会いにいったのだ。

そこで、わたしが太郎さんから聞いている病気のこと、治療方針などについて話し、

「太郎さんから聞いていることは、これがすべてですが、なにかわたしが知らないことはありませんか」

と聞いた。太郎さんは、あまり病気のことを話そうとはしなかった。

わたしに心配かけまいとして、なにかいえないことがあるのではないかと思っていたのだ。それが、わたしにとっては、逆に心配であった。

彼と共に闘う覚悟のある者として、現実を直視したかったのだ。

「いえ。それがすべてです。本人には、すべてお伝えしているので、なにも隠していることもありません」

そこで、ようやく、わたしは現実を受けとめ、本当の意味での覚悟ができたのかもしれない。

太郎さんを人生をかけて支えていくこと、そして、たとえどんな状況におかれても娘を育てあげていくことを覚悟したのだ。

そして、思いを先生に伝えた。わたしたちに、どれほど太郎さんが必要かを。

わたしは「どうか、夫をよろしくお願いします」と頭をさげた。

このコミュニケーションがあったからこそ、わたしはその先、どんな局面におかれても比較的冷静でいられたのかもしれない。

後悔はしない。わたしにできることは限られているかもしれないが、全力を尽くすと誓いつくせたのかもしれない。

「これから、この部屋にお世話になるんだな」

と、太郎さんはつぶやいた。

設立から三十年以上経っていた病棟だったが、太郎さんが入院するその部屋からは、偶然にも東京タワーが望めた。

太郎さんは、どんな状況に置かれても、仕事をする気でいたので、一番狭い個室を予約していた。

それこそ病気になる前の太郎さんは、自分の夢、つまり社会になにを残したいのかという思いをこめて、我究館と絶対内定、プレゼンス、そして「杉村太郎」という自分を育てることに尽力していた。

肝心の自分の身体が生身であることを忘れているかのようだった。

しかし、病気になって、初めて「死」を間近で感じたことを機に、杉村太郎の肉体は、たとえ今回、病を克服できたとしても、いずれ消滅するのだということを強く意識したようだった。そこで彼は、志、つまり魂を残すことにすべてをかけようと誓ったのだと思う。この魂とは、彼が目指す理想の社会。

「この地球には、日本にも世界にも弱者が沢山いる。
その弱者を弱者のままにしておいて良いわけがない。
彼らにも人としての暮らしを、最低限の暮らしを保証しなければならない。
そのためにじぶんたちになにができるのかを真剣に考えろ。
そして、社会になにを残したいのか、自らが発信し、行動できる人間になれ」

この発想のルーツはたぶん、太郎さんが大学時代に、父親の仕事のアシスタントで東南アジア諸国の貧困層のサポートをおこなっていた時に感じたものだったのではないかと思う。まだ若者だったそのころの心に沸きあがった、人のためになにかをしてあげなければという思いを、ふたたび感じていたのではないだろうか。

彼は、彼の肉体を通して実現したかった世界を、彼の存在の有無に関係なく実現させていくためにも、自分の志を組織にしっかり残すべく、仲間たちの心に魂を打ち込むことを選んだのだ。また、自分と同じ志をもった仲間を一人でも多く育てることで、その一人一人が力となり、社会を変え、世界を変えていくだろう、そう考えた。
そのために、自分の残された時間を使おう。彼は、神にそう誓い、残りの人生の時間を使わせてもらえるよう頼んだのではないだろうか。

実際のところ、彼は、しこりを見つけた時から死ぬまでの約七年半、闘病生活において、四回の手術と五回の抗がん剤治療、三十回もの放射線治療を受け、生きるために闘いつづけた。
その治療を受けつづけるなかでも、医師にこの間だけは最低でも入院していてくださいといわれる期間以外は、病室に縛り付けられてはいなかった。
それこそ、毎年の恒例行事のようになっていた入院では、病棟のナースステーションの前を通りすぎる時には明るく
「また帰ってきたよー」
とニコニコして看護師さんに挨拶をし、看護師さんも
「おかえりー」
と言って迎えいれてくれていた。

「杉村さんが病棟にいる時は、雰囲気が明るくなるんですよ」

と看護師さんから言われたこともあった。

それこそある時には、同じフロアに入院していたまだ若い患者さんが、社会復帰に不安を感じていると聞き、まるで我究館の学生校の面談のように、その人の人生に寄り添い、その人が退院するまで応援しつづけていたこともあった。

太郎さんは、どこにいっても、太郎さんだった。

自分がどんなに必死でも、決して悲観的にならず、むしろ人に希望を与えつづけることを選んだ。入院期間中であっても、それこそプレゼンスの受講生の方が恐縮され、病室に入られることを躊躇されるような状態でも、その方が人生の勝負をかけている時期なら、なんのためらいもなく受け入れていた。抗がん剤の点滴をぶら下げながらも、受講生を病室に招き入れ、全身全霊で指導をしていた。命を懸けて真剣に向き合ってくれる太郎さんの期待に応えようと、受講生も力を尽くし、夢への切符を手に入れていった。

わたしは、太郎さんを支えていたつもりだったが、いま思えば、そんな太郎さんが懸命に生きようとしている姿から、逆に生きる意味を教えてもらっていたように思う。そして、太郎さんの「生」を支えることが、わたしの生きる源になっていたのかもしれない。

太郎さんは、

「毎日来なくていいよ」

と言っていたが、わたしには行かないという選択肢はなかった。

テレビ朝日の放送の合間を縫って、太郎さんの病室に太郎さんの顔を見にいくこともあった。仕事を終え、幼稚園の延長保育でぽつんと待っている愛莉を迎えにいったあとは、決まって太郎さんの病室に向かっていた。

そして、太郎さんの顔を見ると、いつものように笑顔で家族団らんの時間が待っていた。


ある時、愛莉が病棟フロアの患者さんの家族から、こんなことを言われたことがあった。

「お嬢さん、毎日パパに会いに来ていて、えらいわね」

太郎さんが入院していたのは、頭頸部の患者さんが集められたフロアだったので、手術の傷が目に見える箇所にあることが多かった。

患者さんの傷は、わたしにとっても愛莉にとっても、病と闘っている勇者の証であって、それ以外のなにものでもなかった。しかし、傷が目に見えるので、実の子でも怖がって会いに来られないといっている人もいた。

実際、手術直後にお見舞いに来てくれた太郎さんの姉も子供たちを病室に入れられなかったとあとから聞いたことがあった。

人がどう感じるかまでは、わたしたちにどうすることもできないが、わたしと愛莉にとっては、太郎さんの傷あとは勇者の証、としか目に映らなかった。

また、わたしたちが帰る時は決まって夜の面会時間が終わる時刻になっていた。

いつも太郎さんは、一階の時間外出入り口のぎりぎりのところまで送ってきてくれた。

何度入院しても、いつも、きまってそうしてくれた。

わたしは車に乗り込むと、ロータリーを一周回り、最後のカーブを回りながら窓を開けて太郎さんに叫ぶのが恒例だった。

「また明日ね！　ゆっくり休んでよ」

太郎さんは決まって、大きく手を振りながら、時には手術で腕を動かせなくなっても手のひらをゆっくり振りながら、わたしたちが見えなくなるまでこちらを見つめていた。車のバックミラー越しにその姿を見ながら、病院をあとにした時の気持ちは忘れられない。

太郎さんが四回手術をしたことには触れたが、やはり最初の手術が一番記憶に鮮明に残っている。

その日の手術は午前中に予定されていたので、早朝に愛莉を幼稚園に連れていき、太郎さんの母親を車で迎えにいった。義母が、

「貴子ちゃん、心配かけてごめんね」

そう、話しかけてくれたことを鮮明に思い出す。

「とんでもないです。私の方こそ、マミーにご心配をかけてしまって、本当に申し訳ないと思っています。マミーもお身体、大丈夫ですか」

そうなのだ。太郎さんの母親も、がんを患っていたのだ。

太郎さんも、母親の体調をなにより気遣っていた。

わたしたちが病院に到着すると、髪の毛をバリカンで短くカットしていた太郎さんが笑顔で待っていた。

すでに点滴がはじまっていた太郎さんに、わたしは、二匹のぬいぐるみを渡した。

一つはウサギ、もう一つは犬のぬいぐるみだった。

わたしのお腹に愛莉がいた時、太郎さんが買ってきてくれた、いわばお守りのようなぬいぐるみだった。名前は、うさ子と小太郎。

太郎さんは、嬉しそうにぬいぐるみを受け取り、両肩に一匹ずつ並べた。

「太郎さん、いよいよだね」

「そうだね。がんばってくるね」

「うん、がんばってきてね」

わたしたちは、この日を待ち望んでいた。

一日も早く、この首のしこりを取ってほしかった。一日も早く、身体からがん細胞を取り除いてほしかった。そうこうしているうちに看護師さんが迎えに来た。

いよいよだ。

太郎さんは移動式ベッドに乗り、看護師さんがベッドを押して病室をあとにした。

マミーとわたしは移動式ベッドのあとについていった。そして、太郎さんが大型エレベーターに乗り込んだのを確認し、わたしたちも、その横にあるエレベーターに乗り込んで手術室のあるフロアに向かった。

そのフロアにつくと、手術室前の少し広くなったスペースに太郎さんのベッドが見えたので、駆けより

「太郎さん、がんばってきてね」

そう、わたしが手を握ると、こくりと頷いた太郎さんは、とても穏やかな表情だった。

看護師さんに、

「杉村さん、こちらのぬいぐるみはここでおあずかりしますね」

と言われると、

「こたろー」

と演技する太郎さん。ここでもまた、笑いが巻き起こった。

「こたろーは手術室には入れないけど、太郎さんががんばっているところ、窓際から応援してもらいますからね」

と看護師さんも言ってくれた。

「それでは、手術室に入りますね。手術は一時間程度ですが、手術が終わった後、しばらくここで容態を見てから病室にあがります」

「何時間くらいかかりますか」

「はっきりとは言えませんが、三時間後くらいだと思います」

すべて、前日に説明を受けていた通りの内容だった。

「太郎さん、行ってらっしゃい。がんばってきてね。祈ってるから」

手術室の扉が大きく開いた。太郎さんの移動式ベッドが、扉の向こうに広がる大きな空間にゆっくりと吸い込まれていった。わたしには、その空間が、まるで深い海をのぞき込んだように感じられたが、太郎さんは点滴につながれたその腕を、わたしたちに見える高さまであげ、親指を立て
「行ってくるよ」

と、力強いメッセージを送っていた。

手術室の扉がゆっくりと閉まり、わたしたちは、しばらくの間、そこに立ちすくんでいた。

すると、看護師さんから、

「手術前に先生とお話になりますか」

と声をかけられた。

「ぜひ、お願いします」

そう答えると、手術室の横にあった診察室のような小部屋に通された。

すぐに先生が現れ、わたしたちは改めて深々と頭を下げた。

すると先生は、

「これから、首のしこりとなっているリンパ節の切除をおこないますが、それ自体はそれ程難しい手術ではありません。それと同時に、この原発不明がんで杉村さんのように頸部に転移が出る場合、のどの奥の扁桃腺周辺に原発が隠れているケースが希にあります。検査では確認されていないのですが、疑いとしての可能性は否定できません。そちらの組織を切除するかどうかなのですが、切除すると声が出にくくなると思います。杉村さんにもそのあたりお話はしてありますが、ご家族の意向としてはいかがでしょう。杉村さんは歌手だったので、あらためて確認をした方が良いかなと」

「声が出なくなるんですか?」

「いえ。声が出にくくはなるかもしれません。歌がうたえなくなるわけではありませんが、これまで出ていた音域が出なくなるとは思います」

わたしは、母の顔を見た。母も、わたしの顔をじっと見ていた。

そのあと、同じタイミングで

「お願いします」

と口を揃えて言った。

「歌はうたいづらくなるかもしれませんが、原発の可能性があるなら命にはかえられません。できるだけうたえるように、声までは失うことがないようお願いします」

「分かりました。それでは、オペが終わったら、またここでご説明をします」

先生はそういって、診察室の奥の扉を開けて、再び手術室に戻っていかれた。

マミーとわたしは、その後、病院の地下にあった食堂に向かった。

病室に戻ってもよかったのだが、場所を変えて少し気持ちを落ち着かせたかった。

食堂では食事をするわけではなく、近くの自動販売機で紙パックのジュースを買って椅子に腰かけた。

遠くでテレビが付いていたが、まったく見る気はしなかった。

そこで、数時間、わたしは母といろいろなことを話したようにおもう。

先生が喉の組織を切除すると言っていたことについても、それで良かったのだと再び話しあったことを覚えている。時計を何度見たことだろう。

そろそろ病室にもどった方が良いころだろうか。そう思って、少し早めに病室にもどり、またそこで、手術が無事に終わることを祈りながら、愛莉の話など、取りとめのない話をして気を紛《まぎ》らわせていた。

手術はもう終わっているだろう。

きっといまごろは、下で容態を診るために眠っているのだろうか。

そろそろ、下に行って待っていようか。

わたしたちはそわそわしながら、再び手術室のフロアに降り立っていた。

手術室前のベンチに腰掛けること数十分経過したころ、ふたたび看護師さんが現れた。

「手術は無事に終わりました。杉村さんは、いま、眠っていますよ」

そういって、先ほどの診察室へ通された。

予定の時間より、大分遅れているような感覚があった。

間もなくして、先生がスチールの容器を両手に抱えて入ってきた。

「扁桃腺もリンパ節も、筋肉とかなり癒着していたので、切除するのに少し難航しました」

太郎さんは、それこそ中学時代から始めたヨットや、大学時代の重量挙げ部などで身体を鍛え上げていたので、自分の首の太さや肩の筋肉を自慢していたほどだった。

それこそ大学時代の太郎さんは、腿の太さが、細い女性の腰回りと同じくらいあったと母から聞いていた。

高校時代からバンドでボーカルをしていたので、喉の筋肉も相当鍛えられていたのだろう。その、自慢の首から肩にかけての筋肉と、喉の組織を一部切除したのだ。生きるための試練とはいえ、それがどういうことなのか、この時のわたしにはまだ想像ができなかった。

先生から、スチールの皿のなかにあった、女性の掌くらいあるレバーのような塊を見せられた。そして、手袋を渡され、

「これが切除したリンパ節です。触っていただくと、この部分にしこりが感じられるとおもいますが、他にもいくつか小さなしこりが確認できると思います」

マミーは触ったのだろうか。想定外の展開を受け、自分のことだけで精一杯だったのでわからないが、わたしは手袋をつけて、恐る恐るその塊に触れてみた。

たしかに、鶉《うずら》の卵くらいの大きなしこりの周りに、大豆大位のしこりが複数確認できた。

これが、わたしたちがずっと悩まされてきたしこりなのか。

やっと太郎さんの身体から取り除いてもらえたという安心感と、その大きさからあらため

て恐怖のような感覚を覚えた。

わたしは、それ以上なにも聞くことができなかった。

「声が」とか「喉が」とかそういう世界ではないことをあらためて思い知らされた。

「先生。本当に、ありがとうございました」

どうか、これ以上転移が広がりませんように。そう祈ることしかできなかった。


わたしと母が病室に戻りしばらく待っていると、太郎さんがもどってきた。

彼はまだ眠りから覚めていなかったが、その様子ははっきりとなのか漠然となのか、わたしの記憶に残っている。

首には何重にもガーゼが巻かれ、酸素マスクを着けていた。

そしてなにより、顔半分が二倍にも三倍にも膨れあがっていた。

「太郎さん、よくがんばったね。おかえり」

いかに太郎さんが手術でがんばってきたかは、その眠っている表情から十分に伝わってきた。

手術は終わった。いま、できることにベストを尽くした。

そして、これからが勝負だと、強く強くそう思った。

実際、ここから約六年三ヵ月、たった一つの身体に何度もメスを入れながら、太郎さんは生きるための闘いをつづけることになる。

こうして、太郎さんには絶対に奇跡がおこると信じつづける日々が始まったのである。

# 第九章　闘病 その二

【坊主頭】

彼は抗がん剤の副作用で毛が抜けてしまっても、帽子やサングラスを愛用して、おしゃれを楽しんでいたという。闘病中もトレーニングして身体を鍛えていてそれがとても勇ましく見えた、という。

死ぬ気でやれよ、死なないから。

『アツイコトバ』88ページより引用

「死ぬ気でやれよ、死なないから」というのは『アツイコトバ』の最後に置かれたコトバだった。太郎さんはこの言葉を説明するためにこんなことを書いている。


あるときは、すべてをかけて全身全霊で取り組む必要がある。仕事でも、勉強でも。先のことなどなにも期待しない。何もいらない。すべてを犠牲にできる。死んでもいい。ただ目の前のことに結果を出す。文字通りすべてをかけて。死ぬ気でやってる奴に勝てる奴はいない。

どんなに実力があるものでも、命をかけているものに対して勝てることはない。


なかには、太郎さんのことをこういう人がいるだろう。

「杉村太郎は、死ぬ気でやったら、死んでしまった」

実際そうかもしれない。

しかし、太郎さんが必死に生きようと、死ぬ気で生きようとしていた姿を近くで見ていたわたしは、この言葉は、彼の人生の本質なのではないかと思っている。

人には肉体と魂がある。

肉体はいずれ滅びる。

例外はない。

しかし、死ぬ気でやったその姿は、周りの人の心のなかに生きつづけ、伝承される。

杉村太郎には、自らの人生と命をかけて、わたしたちに遺してくれたものがある。

それが彼のいう、死なないから、という言葉の真の意味なのではないかとわたしは思う。


彼が死ぬ気で生きた、魂が燃え尽きるまで見せた、人が生きることの意味。


太郎さんががんになって、初めての手術から目を覚ました時の心境は計り知れない。

がんと告知されても、しこり以外、自分ではまったく自覚症状がなかったにもかかわらず、手術をして、がん患者として自覚する日々が始まった。

もちろん、この時に手術をしてもらえなかったら、そのあとの人生はこれほど長く、充実したものとして送れなかったかもしれない。太郎さんは「一日でも長く生きる」と決めて、生きる時間と引き換えに不自由さを得た。

数回の手術を重ねたある日、太郎さんはこんなことを言っていた。

「たこぴ、世のなかって、健常者で作られているんだなって、日々の生活で感じるんだ。例えば、信号の押し釦《ボタン》一つとってもそうなんだ。健常者にとっては、あのボタンの位置はなんとも感じないでしょう。僕もそうだった。でも、いまの僕には、なんでその位置なんだろう、もっとこの位置にあればいいのにって思うんだよ。すべての社会の仕組みが、そう感じるんだよ。この病気になって、初めてそれに気付くことができたんだけどね」

こう言っていた。

太郎さんは、手術を重ねるごとに、わたしにも理解できないほどに、不自由さを感じていったのだろう。

わたしは、彼が最初の手術で、首のリンパ節と共に左の扁桃腺を切除したと説明した。文字で書くと、その通りなのだが、それは実際は、その周りの筋肉、つまり肩の筋肉の一部をも取ってしまうことを意味していたのだ。

そして、その筋肉とは、二度と再生しないものなのだ。

手術をしてからしばらく自宅で療養することになり、太郎さんはいったん退院してきたが、その退院時のチェックシートには、

「腕が上がりますか。肩の高さまで上がりますか」という質問項目があった。

太郎さんは左利きだったので、左側の筋肉がより発達していたのだが、転移が左側に出ていたので、リンパ節を取る際に難航したというのはそういう面も影響していたのだろう。

退院した時の太郎さんは、腕はゆっくりとなら肩の高さまではあげられたが、それ以上の

高さにあげることは厳しかった。身体の左右のバランスが崩れ、本人が真直ぐ立っていると思っていても、後姿から見ると左肩が下がるように傾いて立っているのがよく分かった。右側の筋力が強いためか、意識しないと、真っすぐに歩くこともできなくなった。

さらには、首にメスを入れたことは、顔面にも影響を与えているようだった。口が思うように回らなくなり、口をゆすぐことや、うまく吐き出すことさえもままならない状態になってしまっていた。

太郎さんが自宅の洗面所の鏡の前に立って、一人で、

「あー、あー、いー、いー、うー、うー…」

と口を大きく開ける練習をしている姿を偶然に見かけた時には、胸が痛くなるような気持ちになった。

太郎さんは、自分が目指していた「杉村太郎」という人物像と、言い換えるならば、皆さんが抱いていたイメージとかけ離れてしまった自分自身を目の当たりにして、辛いと感じなかったはずはないが、悲嘆にくれたりすることはなかった。

筋肉は再生しない。しかし、太郎さんは、ある役割の筋肉がなくなったとしても、周りの筋肉がそれを補完するように発達するはずだと信じていた。そのために、リハビリは病院のリハビリ室でしかできないわけではないと考えて、どんな日常の身の回りの小さなことでも、

身体を動かすことはすべてリハビリとして実行していた。

また、扁桃腺を取ったことで、三オクターブまでの声域を持っていた自慢の声も失った。声はしゃがれ声になり、高音は出せなくなっていた。

それこそ手術前の太郎さんは、ギターを片手に歌を歌ってくれることもよくあったが、それもなくなった。

「僕も昔は、高い音が出たんだけどね、愛莉《めりい》がうらやましいな」

と、愛莉が鼻歌を歌っている姿を、目を細めながら眺めていた。そして愛莉に、

「大きくなって、中学生になったら、パパとバンドを組もう。愛莉がボーカルで、パパは後ろでギターを弾くからね」

目を輝かせながら、そう話していた。

彼は手術で自慢の高音を失ったが、失ったものはそれだけではなかった。

扁桃腺を切除した際の傷が治癒する過程で、傷口の一部が口蓋垂と癒着を起こしてしまったようで、唾や食べたものが喉につっかえてしまうような現象が日常的に起こるようになってしまった。

なにかを食べる時には、咳をしたり、水を飲んで流し込まないといけなくなった。

また、手術のあとには、首に縦方向に二十センチくらいの手術跡が残った。その手術痕は

きれいに縫ってあったが、神経の集合体である首の一部分を切除したことで、いつも誰かに首を掴まれているような感じがしていると太郎さんはいっていた。

つまり、手術を受けたことで、命との引き換えに、彼は多くの不自由と付き合いながら生きていくことになったのである。

退院してきてから数ヵ月ほどして、太郎さんはふたたび病院に入院した。

今度は、抗がん剤治療を受けるためであった。

しかし、これもまた、希少がんの一種である原発不明癌ということで、抗がん剤をどう組み合わせるかも、ある意味、医師の経験と感覚が頼りになる。太郎さんを担当してくれていた医師のチームで叡知を出し合い、過去の症例と経験を加えて最善の治療方針が検討された。

太郎さんの場合には、まず太郎さんが若いことと、本人にも病と闘う強い意思があることに加え、がんの種類が悪性度の高い進行がんであるということから、新しい抗がん剤を含めた、三種類の抗がん剤を組み合わせるという治療方針が立てられた。

投与される抗がん剤の一つは、シスプラチンといって、腫瘍の高い収縮効果が期待されたが、激しい副作用も予測される薬でもあった。看護師さんの話では、シスプラチンは素手で触ると、皮膚も溶けてしまう強い薬だということで、点滴袋を扱う時も手袋を着用するほど強い抗がん剤だった。

先生は、この方針を太郎さんに伝える際に、

「杉村さんの体力を信じています。できる手はすべて打って、徹底的にやって、がんを根治させましょう」

と力強く言ってくれたそうだ。

そのシスプラチンが身体に入っていった時のことを、太郎さんはこう言っていた。

「たこぴ、このシスプラチンってプラチナ製剤なんだってね。プラチナって金属だよね。点滴を始めるとね、身体のなかにほんとに冷たい金属が流れこんでいくような、しびれるような感覚がするんだよ」

抗がん剤治療の投与にはいろいろな方法があり、日帰りで対応できるものもあれば、入院しなければならないものまである。

太郎さんの場合は、一回のクールがおよそ二週間程度の予定だった。まず前半五日間は抗がん剤の点滴を打ちつづけ、週末は休んで、再度、後半五日間にまた点滴を打つ。そして、抗がん剤の投与が終了しても、この薬は腎臓にも相当な負担がかかるので、しばらくのあいだ、身体を浄化させるために大量の水分を点滴で入れ、免疫検査をおこないながら体力の回復を待つのである。

抗がん剤を打つと、がん細胞だけでなく、正常細胞も相当なダメージを受けるので、免疫力が一気に低下する。毎日白血球の数を調べて、ある程度の数値まで戻ると、面会の許可が出て、その後、外出許可、退院という運びになる。

太郎さんは、抗がん剤治療が終了すると、日々の白血球の数に一喜一憂しながら、外出許可が下りる日を心待ちにしていた。

点滴中は、食欲も進まないようだったが、点滴が終わったあとには、抗がん剤の副作用として味覚障害が残った。たべもの全般が〝金属の味〟がするようになったようで、病院の食事のような薄味だとその金属の味を顕著に感じて食欲が出ないといって、「食べたいものリスト」などを作っていた。

いま思い出すと、焼き肉、餃子、回鍋肉とどれも濃い味のものばかりだったように思う。いったん外出許可が下りると、「外の空気を吸いに行ってきます」といって病院近辺にある麻布十番に飛び出し、街の活気に触れたり、あの「食べたいものリスト」に名前をあげたものを一つずつ楽しんでいたようだった。またある時は、病院の裏にある愛宕神社にお参りに行って、買ってきたお守りを大切そうに身に付けていたこともあった。

わたしも、タイミングが合う日中を見つけては、一緒に病院の近くを散歩することがあったが、太郎さんは外出時には決まってナースステーション前で立ち止まり、看護師さんに聞

こえるような大きな声で
「行ってきまーす」
と言って出かけていたが、看護師さんからは決まって
「今日はどこに行くの？　早く帰ってきてね！」
と見送られ、いつもより早めに病院に戻ると
「お帰りー。あれ、もう帰ってきたの？」
などど、看護師さんには、いつも温かく迎え入れてもらっていた。
わたしは太郎さんの、どこにいても自分がどんな状況におかれていても、周りの人たちを楽しい気分にさせてしまうところが大好きだった。そして時々みせる、少年のようなチャーミングな姿も微笑ましく思っていた。

しかしあるときは、太郎さんに注意することもあった。
病院からの外出許可が出て間もない頃、外出の時間だけ点滴を外せるというだけなので、まだ彼の腕には点滴の針が入っていた状態で、電車を乗り継ぎ、人混みでごった返しているボートの展示会に行ってきたというのだ。彼が入院していることを知らない知人から招待を受けたそうで、「ほんとうにワクワクした」と話す太郎さんの表情から、きっとこれを楽し

みにつらい点滴治療も頑張って外出できる日を心待ちにしていたんだろうなと思った。

それでもわたしは「あんまり無茶なことはしないでね」と言わなければならなかったのはいうまでもない。

太郎さんの身体は治療でダメージを受けながら、気力はまわりのみんなが圧倒されるほどにみなぎっていた。

きっと目の前の一分一秒が惜しくて惜しくて仕方なかったのだと思う。


抗がん剤の副作用は、入院中よりもむしろ退院してからの方が、徐々に出はじめた。

たしか、四回目の抗がん剤治療を受けた時のことだったと思う。

徐々に髪の毛が抜けおち、眉毛やまつげさえなくなったことがあった。

それまでの治療では、特に髪の毛の量に変化はみられなかったので、今回も大丈夫だろうと思っていた矢先のことであった。

太郎さんは、わたしに心配かけまいと、枕やふろ場の髪の毛をこまめに捨てていたようだったが、それでも、家中のあちこちに相当量の髪の毛が落ちていた。

またこの時は、抗がん剤の副作用で、全身が浮腫《むく》んで体重が二倍はあるのではないかと思われるほどに腫れあがっていた。

親友のAさんは、そんな太郎さんに、アルマーニの毛糸の帽子をプレゼントしてくれた。

太郎さんはそれを毎日大事そうに被って出社していた。

太郎さんは、自分の姿を気にしているというよりも、自分の姿をみた相手がみせる表情に、とても敏感になっているようでもあった。

ある日、こんなことがあった。

太郎さんと愛莉とわたしの三人で、外食をしようと車で出かけた時のことだ。

太郎さんが車を運転し、わたしは助手席に座っていた。

当時の我が家の車は、黒色のセダンだったのだが、彼が車線変更をすると、元の車線でわたしたちの後ろを走っていたと思われる車が、スピードを上げ、わたしたちの車と並走するようにぴたりとつけてきた。

わたしが助手席から横目でその車を見ると、運転手と助手席にすわっていた男性二人が、こちら見て睨んでいるかのようだった。その直後、彼らが運転席の太郎さんに目線を移した途端、その車はすーっとスピード落として後ろの方に見えなくなっていった。

太郎さんはその様子をみて、

「きっといま、僕を見て、あちらの世界の人だと思ったんだよね」

と言った。わたしは苦笑いしたが、たしかにあの時の太郎さんは、帽子もかぶっていなかったので、そう見えたのかもしれない。

そのあと、わたしたちは、ファミリーレストランに到着した。

夕食の時間帯ということもあって、店内は込み合っていた。わたしは順番待ちの紙に「杉村・三名」と書きこみ、入店待ち用に用意してあった椅子に腰かけた。それにつづいて、愛莉、太郎さんと腰かけた。するど、あとにつづくはずの女性が、太郎さんと一つ席を空けて腰かけた。順番がすすむごとに、前にずれるときも、最後までその空いた席が埋まることはなかった。

太郎さんは、眉間にしわを寄せ、少し寂しそうな表情でわたしの顔をみた。わたしは、

「太郎さん、気にしない気にしない。期間限定で、役者になった気持ちで過ごせばいいじゃない。わたし、いまの太郎さんもかっこいいと思うよ」

髪の毛がなくても、眉毛が薄くなっても、大柄でも、そんな太郎さんが素敵だとわたしは本心からそう思っていた。

このあと数週間たつと、まつげが生えはじめ、髪の毛にも、赤ちゃんのような産毛が生えはじめた。灰色のタンポポの産毛のような、その柔らかい毛は、いま思うと、息子の楽が誕生したときに生えていた毛にとてもよく似ていた。太郎さんの目は、明るい茶色をしていたので、産毛が生えてきたときの太郎さんは、いつにもまして優しそうな印象だったとわたし

は思っている。

その後、徐々に髪の毛も生えそろい、帽子も手放せるようになっていったが、なかなかむくみはとれず、しばらくのあいだ、太郎さんは大きいままだった。

そんなある日、太郎さんを元気づけようと、友人の一人が、小さなパーティを開いてくれたようだった。そのパーティのメンバーは、わたしの知る太郎さんの友人数人と、私の知らない美女数人だった。

なぜわたしがそれを知っているかといえば、皆さんが素敵に写っている写真が、太郎さんのデスクにさり気なく置いてあったからだった。その場は、お食事なのだろうか、飲み会なのだろうか。太郎さんの手元のコップだけ、好物のコーラのようにも見えた。

わたしは、ちょっとしたいたずら気分が沸き起こり、朝食の食堂に、さり気なくその写真を置いておいた。太郎さんはどんな反応をするのかなと様子をうかがっていると、太郎さんは席についてその写真を見つけるなり、

「たこぴー、こんな僕とみんな一緒に飲んでくれるんだよ。僕は幸せだなー、そう思わない?」

といつもより気持ち大きな声でわたしに話しかけてきた。わたしは思わず吹き出してしまい、

「楽しかったみたいで、よかったねー。でも、お酒とか飲みすぎたらだめよ」

としか答えようがなかった。確かに、写真のなかの太郎さんは、仲間たちに囲まれてとても幸せそうだった。

それが一番なのかもしれない。

その後も、太郎さんは、定期的に検診に通っていたようだった。ようだった、と書くのは、太郎さんは、病気のことを気遣われることを、とても嫌がっていたからだ。

以前、わたしがあれこれ体調のことや病院のことを聞くと、せっかく頭の片隅に追いやっている病気のことを思い出してしまい、本来すべきことに集中できなくなってしまうから止めてほしいといわれたことがあった。自分の身体のことは、自分が一番よくわかっているし、気にかけているのだから、あれこれ心配しすぎずに、信じていてほしいということだった。

わたしが心配性になることで、彼を不安にしたくはなかったので、表向きにはつとめて明るく振る舞い、まるで太郎さんが病気ではないように接するようにしていた。しかし、いつも太郎さんの顔色や身体の変化が気になっていたので、本人には気付かれないよう彼の様子をうかがっていた。そしてある朝、太郎さんがいつものように歯ブラシをしている後姿から、首の付け根にできた新しい、小さなふくらみを見つけるというようなこともあった。

七年半の間に六回もの転移があった太郎さんだが、検診に行く前に、自分で再発を自覚することもあったようだった。四回目の再発のときなどは、
「再発するとすこし微熱っぽくなるんだよ。自分の体調で再発が分かるようになってきた」
とまで言っていた。太郎さんは生きるために、五感だけでなく、第六感までをも研ぎ澄ませ、神経を張りめぐらせて日々を送っていたのだ。

その後も、リンパ節転移は定期的におこり、手術の回数は四回、抗がん剤治療での入院も五回にまでのぼっていたが、やはり最初の手術で切除してもらったしこりが一番大きく、あとは比較的小さい状態で見つけられていた。

その間、太郎さんは根治を目指し、生存の可能性を信じて、ありとあらゆる治療方法を模索して、それに挑戦しつづけていた。

たとえば、自分自身の血液を採取して、免疫細胞（ＮＫ細胞）を体外で培養し、活性化させた状態で再び体内に戻すという免疫療法を受けるために、京都の病院に何度も通っていたこともあった。しかし彼のがん細胞には効果が出にくかったようで、その治療が終わった翌月には、新たな転移が見つかるということもあった。

その他にも、アガリスク、フコイダン、漢方薬、ハーブ療法、音楽療法、気功、祈祷による療法、

四柱推命で良い方角を聞いたり、奄美大島の巫女に会いに行ったり、奇跡の湯と呼ばれる秋田県の玉川温泉で湯治をしたり、呼吸法でがんを治すといわれる勉強会に参加するなど、誰かからがんの治療に効果があるという情報をもらえば、その可能性を信じて、すべてを経験していっていた。

そんな数々の代替治療は彼のがんを消すことはできなかったが、それらの経験を通して彼は「生きる力」を確実に得ていったようにわたしは感じていた。

例えば、知人から紹介されたある気功師と出会えたことで、彼は前を向いて生きていく心の整理ができたようであった。その人に、

「人は、必ず死にます。いずれ誰もが、死を迎えます。必ず迎える死の形のなかで、がんという病気は、死の準備をさせてくれるありがたい死に方だと思いますよ」

と言われたというのだ。

それまでは、「死」から逃げようとしていたのかもしれない。しかし、「死」から目を逸らすのではなく、「死」を意識することで、新たに見えてくるものを大切に生きていこうと意識を変えられたのだろう。。

それからの太郎さんは、それまで以上に、出会う人一人一人との「縁」を大切に生きているようだった。

この人とは、もう二度と会えないかもしれない。ここには、もしかしたらもう二度と来れないかもしれない。そんなことを潜在的に感じながら生きていたのかもしれない。

それは、太郎さんが亡くなったあとに、多くの人から聞いた話からも明らかだった。

病気になる前の太郎さんは、強い動的エネルギーで、人の心に魂を打ち込んでいっていた。しかし、病気になってからの太郎さんは、太陽のような温かいエネルギーで人を包みこむようになっていったとわたしは感じていた。

色でいうならば、青色の炎から赤色の炎を燃やす人生に変わっていったのかもしれない。

太郎さんは、ある日、こんなことを言っていた。

「僕は、この声が好きなんだ」

太郎さんが、あの透き通った、力強い声を失ったことは、彼にとってもとても辛いことだと思っていたので、この言葉はとても意外であった。

「僕が伝えたいことが、この声になってから、より人に届くようになったと感じるんだ」

音声的には、その声はかすれ、咳交じりに話すものだから聴きとりにくくなったが、一生懸命、絞り出すように話すその声からは魂の声が伝わるようになっていたのだと思う。

太郎さんは、まさに、大切なものを失うことによって、より奥深い魂レベルの感覚を得られたようであった。そんな太郎さんだが、身体の自由を失いながらも、それを絶対に克服しようと、肉体を鍛えつづけてもいた。

最初の大手術直後には、腕を肩よりも上にあげることさえできなかった。まっすぐ立つことも、歩くこともできなかった。

そんな太郎さんが、手術をした数ヵ月後の二〇〇五年の秋、わたしたちを逗子の海に連れていってくれた。

逗子は、太郎さんにとって、杉村一家にとって、たくさんの楽しい思い出が詰まった特別な場所だった。太郎さんが、ヨットのインストラクターをしていたのも逗子だったし、逗子マリーナのプールで仲間たちと青春を過ごした時の話も何度も聞かせてくれていた。

愛莉が誕生し、愛育病院から退院したその足で、愛莉に海を見せてあげたいといって向かったのも、逗子の海だった。

それこそ、太郎さんが学生時代にヨットで遭難し、龍の声を聴いたという海も、逗子からほど近い鎌倉沖の海だった。

その日、太郎さんは、風だけを動力とする小型ヨット、セーリング・ディンギーを借りていて、わたしは、太郎さんにいわれるままに、そのディンギーに乗りこんだ。船が沖にでると、太郎さんの表情がインストラクターの顔に豹変していることに気付いた。

「たこぴ、こっちに移動して、早く！　行き過ぎだよ！」

きびきびと指示をされるものの、わたしは小さなキャビンのなかでの要領が得られず、セール(帆)の下についている棒に頭をぶつけたり、お尻をどこかに打ち付けたりと、あっという間に疲弊し、あらためてヨットというスポーツがいかに体力を使うかを実感していた。

しかし驚いたことに、あれだけ身体を動かすことに不自由さを感じていた太郎さんが、ゆっくりではあったが、身体を大きく動かしていたのだ。

彼の表情は、辛そうではあったが、とても生き生きとして見えた。

それから一ヵ月後くらいだっただろうか。太郎さんは、今度は小さなクルーザーをレンタルしてきた。二級の小型船舶の免許を持っていた太郎さんが、一人で操縦できる程度の大きさの、船長二十四フィートくらいのプレジャーボートだった。

わたしは、太郎さんにいわれるままにクルーザーに乗り込んだが、季節は秋から冬に変わろうとしていたこともあり、海風は想像していた以上に冷たく感じられた。

わたしは「なにも手伝えないよー」といいながら、一階のキャビンのなかに入って船の揺れに身を任せながら、外の様子を眺めていた。太郎さんは、ふたたび海の男の表情になっていた。真剣な眼差しで、船の甲板を機敏に移動し、慣れた手つきで係留用のロープをボートの上方部分に縛り付けていた。

あれだけ、腕を上げるのに苦労している太郎さんが、まるで別人のように見えた。

船に乗って海に出ると、身体が自然と動くかのようで、わたしは、これが太郎さんにとって理想的な環境なのだなと思った。

相模湾を走行し、ふたたび逗子マリーナに船を寄港する際にも、わたしは太郎さんが機敏に動きまわる姿を、キャビンのなかから眺めていた。

それは、喜び以外なにものでもなかった。

十ヵ月前には、告知を受け、光を失うかのような心境にあった。

そしてほんの数ヵ月前には、まっすぐ歩くこともできず、腕も上がらず、これからどうやって機能を回復させていこうかと、途方にくれることもあった。

しかし、太郎さんは、自分自身を信じつづけ、ここまで身体を自由に動かせるようになっていた。彼は海という大自然をまえにして、確実に力強く動けていたのだ。

きっと誰も、彼が首と肩の筋肉の一部を取ってしまっているとは思いもしないだろう。

わたしはこの時、神様はいるんだなと、感じていた。

太郎さんには命の力強さが溢れ、一生懸命に生きていた。

あのときの太郎さんは、誰よりも生き生きと生きていた。

その日の帰り道、わたしは太郎さんにこう話しかけていた。

「太郎さん、きょう凄かったね。身体が自由に動いていたよ。小さな船を買って、身体を鍛えるのも、いいかもしれないね」

わたしは自分がどれほどのことを言っているのかはあまり考えず、思っていたことをただ口に出したのだったが、太郎さんの表情がぱっと明るくなったのを感じた。

「たこぴ、いいの？」

もう、いいも悪いも言える状態ではなかった。

彼があれだけ生き生きとしている姿を見て、だれがダメだといえるだろうか。

彼が奇跡を起こしつづけるためにも、わたしは、海の力を借りたいと心から思っていた。


その日から、太郎さんは、船を買うことをあらたな夢にしていたようだった。

仕事に関しても、綿密な計画をたて、[to do list]を作って、一つ一つをクリアするたびに、バツ印をつけていっていた。

太郎さんがアメリカから帰国するなり、組織の立て直しに尽力してきた甲斐もあって、プレゼンスも我究館も着実に軌道にのり始めていた。

太郎さんのモットーは、「人がしていないことをする」。そして、「やるなら世界一」。

実際のところ、「我究館」も日本で初めてのキャリアデザインスクールであり、「プレゼンス」

も日本で初めての語学コーチングスクールとして産声をあげたが、それこそなかなか理解されなかったかも知れないが、地道に頑張っていると応援してくれる仲間も増え、なによりも受講生の皆さんが確実に成果を出してくださったことが、最大の信用につながっていった。

創業当時から変わらないことに、スクールに来てくださる受講生のうち、口コミや紹介の方が全体の五十パーセントをしめているということがある。

それを継続して保っていくためには、いかに受講生の方に寄り添い、受講生のみなさんにとって、期待以上の教育サービスを提供できているかということにかかっている。

そのためには、組織のリーダーである太郎さん自身が、誰よりも強い信念を持っている必要があり、沸点が高い状態にいなくてはならなかった。

太郎さんは病気と闘っていることを言い訳にできる立場にはないということを、自分でよく理解していたと思う。

会社を経営するということは、スタッフの人生に責任を持ち、その家族にも責任を持つことを意味する。さらには関係する全ての企業と社会に対しても大きな責任があるのだ。太郎さんはそういう経営者に課せられる重責を理解しながら、その役割を担えることに誇りを持っていた。言い換えるならば、そういう責任のある状況に置かれれば置かれるほど、燃え上がるタイプだったのだと思う。彼が、

「これほどやりがいのある、ワクワクする仕事はない」

と言っていたことからしても、わたしはこんなことを思っている。

太郎さんが、衝撃的な手術から奇跡の復活をとげ、限られた人生を最後まで走り抜けることができたのには、三つの力が働いたのだと思う。

一つ目は愛莉、
二つ目が海、
そして、三つ目が夢。

この夢を叶えるために全身全霊で仕事をし、そのために海で身体を鍛え、同時に負のエネルギーを吐き出しプラスのエネルギーに交換していたのだろう。

彼を一生懸命支えていた愛する娘のためにも生きたいと強く思っていたのだと思う。


二〇〇六年の春、太郎さんは、中古の真っ白い、美しい船を手に入れていた。

それは一人で操縦できる小さな船だった。

その船の名前は、ＭＡＲＹ号。

わたしは、太郎さんが、なにものにも比べられないほど娘を愛していることを感じた。

その船を置いておく港として選んだのが、横浜ベイサイドマリーナだった。

仕事帰りに船に行って、波に揺られながら一夜を明かすことができるよう、船を三六五日、係留しておけるマリーナを選んだといっていた。

まさにこれから最高のシーズンがやってくる。

太郎さんは、春の海で愛艇を操りながら身体を鍛えていき、半年後には、あのぎこちない動きも感じられないほどまでになっていった。

「たこぴ、筋肉は再生しないけれど、周りの筋肉が発達して、機能を補完してくれるようになるんだね」

太郎さんの立ち姿は、首の傷さえ見えなければ、彼が闘病中であるとか、首や肩の筋肉を失い不自由であることなど、まったく感じられないほど力強かった。

こうして太郎さんは、一歩ずつ、光に向かって歩みを進めながら生きていた。

その、彼の生きる姿から、わたしは、どんな状況からでも心の持ちかたしだいで、不幸も幸せに変えることができるのだという力の存在を知った。

彼はどんなときも、絶対を信じる力を失うことはなかったように思う。

その後、彼は何度も再発を経験し、そのたびに身体にメスを入れ病と闘いつづけていたが、確実に、精神的にも肉体的にも、強くなっていっていた。

四回目の再発のあと、手術と抗がん剤治療を終えてから一年くらいたったころだろうか。朝、ゆっくりと二人でテレビを見ていた時のことだった。

テレビには、太郎さんの好きなメジャーリーグの試合が映っていた。

太郎さんは、画面に大きく映しだされているイチロー選手の姿を見ながら、

「たまにイチローや松井が、本当にうらやましいなって思うんだ。僕も世界の舞台に出ていきたいなって思うんだよね」

その表情からは、なにかを諦めているような、寂しささえうかがえた。

いつもなら、「考える前に行動せよ」という彼がのこした言葉通りに、常に自分の思いを、まず行動に移して生きてきた太郎さんだったが、さすがに、がんの再発を繰り返している状態で、世界に出ていくなど不可能だと思いあきらめていたようだった。

太郎さんのアメリカから帰国した当時の夢は、いずれ、政治の世界に出ていくこと、もっというならば、日本の首相になって、世界のリーダーになり、世界をよりよい方向に導くことだった。

そう聞いて人がどう感じるかは分からないが、これはケネディスクールという学舎で勉強した人間であれば当然の思いだったのではないか。いまとなっては、わたしも彼が具体的にどういう計画をもち、それをどう実現させようとしていたかまでは知りようがない。

しかし、彼が実現したかった社会、すなわち、世界から弱者をなくし、世界各国がともに支えあい、認めあい、成長していくという社会の実現を真剣に考え、実際に行動していたことだけはまちがいないのだ。

たとえ自分がリーダーになったとしても、一人では何もすることはできない。

本気でより良き社会を実現させていくためには、同じ志をもった仲間の存在が必要である。そのためにも、同じ志をもつ人を育て、彼らひとり一人がその業界においてリーダーとなって活躍してほしいと考えていた。そして、彼らとともに、日本と世界を変えることを思い描いていたのだろう。

しかし、病を得てからは、人を育て、彼の思いを受けつぐ組織を育て、彼自身は仲間が社会を変えていくことを支えていこうと考えていたようだった。そんな太郎さんの構想に触れたいと、与党、野党の政治家の方から声がかかることもあったようだったが、やはりいまは生命を優先することを重視しようと考え、多くの話を受けることができなかったのは、きっと無念だったのではないかと思う。

太郎さんは、「日本のため、ひいては世界のため」という言葉が口癖の人だった。

彼の考え方を通して、イチロー選手や松井選手の活躍を見ると、二人とも、彼ら自身がメジャーリーグで活躍することだけが目的ではなく、きっと、日本の野球界を背負って努力を重ねているのだろう。日本の、ひいては野球界のためであり、なにより野球が好きな人々のために誰よりも努力を重ねているのだろうと言っていた。

太郎さんは、アメリカに留学していた時から、イチロー選手や松井選手をはじめとしたメジャーリーグで頑張っている日本人選手の活躍から勇気をもらい、時には、自分に重ねることもあったのではないかと思う。そういった面からしても、彼らの活躍が、じつに羨ましいと感じることは、ごく自然なことだったと思う。

「このあいだも話したかもしれないけど、ハーバード大学のウェザーヘッド国際問題研究所から、アプライをしないかっていう連絡が来ているんだよね。でももう、無理だよね」

このあいだも？

思い返せば、太郎さんがそんなことを言っていたような記憶はあったが、まさか挑戦したいと思っているなど、想像もしていなかったので、その話は聞き流してしまっていた。

太郎さんが二回も同じ話をするということは、本気なんだな、本当はチャレンジしたいんだな、と痛いほどに伝わってきた。

「太郎さん、太郎さんがもし、もう一回その目標にチャレンジしたいんだったら、わたしは応援するよ。でも、身体が第一だからね。無理のかかるようなチャレンジだけは絶対にしないと約束してくれるならいいよ」

「たこぴ、ほんと？　いいの？」

このときの表情からも、太郎さんは、前の留学ではやり残したことがあったのだろうか。じつは挑戦したくて仕方がなかったんだなと思った。

「それじゃあ、早速、事務局にいろいろ聞いてみるね」

「でも、まずは病院の先生に相談してね。無理だって言われたらあきらめてよ」

わたしは当然のことながら、太郎さんの病気の根治を目指していたし、それを信じていた。

一方で、たった一回の太郎さんの人生を、後悔しないように生き抜いてほしいと強く願っている自分もいた。わたしたちにとって「後悔しないように」と「生きる」という選択肢の両方を取ることは、じつは簡単なようでとても難しいことで、すべての生きる過程が、岐路に立たされているような感覚とでもいおうか、選択の連続であった。

主治医の先生は、なんと言うのだろうか。その助言にしたがおう。


数日後、太郎さんは病院に行き、アメリカに行きたいと思っていることを、医師に相談したようだった。

医師の答えは、「まずは、しっかりと検査をしてから決めましょう」というものだった。

太郎さんはふたたび精密検査を受けた。

結果によると、現状では転移も認められないので、アメリカ行きを止める理由はないが、できれば、転移がないこの状態でこそ、根治に向けたアクティブな治療に出てみてもいいのではないかということだった。

これまでの治療は、あくまでも、再発が見つかった時に転移巣を切除するという対処療法であったが、今度はまだ目に見えない原発と、確認はされていない転移の芽をつぶして根治を目指そうというものだった。

太郎さんの原発不明癌は、原発がどこにあるのか確認できていなかったが、リンパ節に転移している細胞の種類から、扁平上皮癌だということは分かっていた。

転移が出てきている場所からしても、鼻口腔内が最も原発巣として疑われているとのことだった。

そしてこのがん細胞は、放射線がとても有効なのだという。

抗がん剤を三種類も組み合わせて、がん細胞を叩きつづけても、時間が経過するとふたたび転移が出てきている現実からして、三種類の抗がん剤に耐性があるがん細胞がこのまま増殖していくと、抗がん剤の効果さえもなくなってしまうことを意味する。

そうなる前に、相手が小さいうちに、扁平上皮癌に比較的効果が見込める放射線を使って一気に叩き潰してしまおう、という見解だったのだと思う。

わたしは、最終的な治療方針については、あまり口を出さないようにしていた。患者である太郎さんが、しっかりと先生と相談して決めていることは分かっていたし、太郎さんは誰よりも自分の病気のことを研究し、がんのことを調べてもいた。

「先生がそういうなら、その治療方法がいいのかもしれないね」

「相当きつい治療になるみたいだけどがんばるからね。アメリカに安心していきたいし」

ここでも、太郎さんの夢が、彼の支えになっていることは確かだった。

その後、まもなくして、放射線治療を受ける前のことであるが、太郎さんは、ハーバード大学ウェザーヘッド国際問題研究所の客員研究員にアプライするための準備にとりかかっていた。

そしてインタビュー（面接）は東京でおこなわれた。

その日、面接を終えた太郎さんから

「たこぴ、どこにいる？」

と興奮気味に電話がかかってきた時、わたしは不動産屋さんの車に乗っていた。

闘病中の太郎さんの母親も、だいぶ高齢になってきていたので、そろそろ一緒に住んだ方が良いかもしれないねという話になっていたのである。

太郎さんはわたしたちに合流すると、物件を見ながら、ずっとインタビューの様子を熱く語って聞かせてくれた。興奮冷めやらぬ、といった感じだった。

途中からは、不動産屋さんも相手にして語り始めるほどで、わたしはその様子に苦笑いをしたものだった。

彼の話では、インタビューはまるで映画のワンシーンのようだったという。横長の重厚感のある部屋に通されると、ズラッと七人程度の面接官が座っていて、笑顔で迎え入れてくれたそうだ。面接官のエネルギーに圧倒されながらも、それに押しつぶされないよう、面接官ひとりずつと握手をして、太郎さんは椅子に腰かけたという。

約二時間にもわたったインタビューで、太郎さんは、終始アツく語りつづけたといっていた。

彼は自分の夢を語ったのだろう。その思いは、自分ががんになっても変わらないどころか、さらに強くなっていることを、心から伝えたといっていた。

それこそ、面接中に、太郎さんは席を立ち上がったり、面接官の前を歩きながら、一人一人の目を見て、真剣に思いを伝えてきたとも言っていた。しかし、あまり熱を込めすぎて相手が引いてしまったような気がするともいっていた。わたしは、

「太郎さんらしく、伝えたいことを伝え切れたならば、それは最高のインタビューだったと思うよ」

と伝えた。

「だって、後悔はないでしょう?」

というと、太郎さんも、安心した様子だった。

わたしは、太郎さんの気迫で相手が引いたかどうかは全く気にならなかったが、闘病中である太郎さんを面接官がどう受け止めたかは分からなかった。

わたしは、太郎さんほど夢を実現させるための強い意志と行動力をもった人はいないと思っていたが、やはり「彼は病気だから、この話は見送ろう」という判断になるのか、それとも「彼は病気かもしれないが、彼の強い意志と才能を信じよう」と思ってもらえるかは分からず、どちらにしても、太郎さんがベストを尽くせたのだから、その結果を受け入れようと思っていた。

その数週間後、太郎さんはハーバード大学ウェザーヘッド国際問題研究所(WCFIA)から通知を受け取った。

そこには、Congratulations, Taro の文字があった。ケネディスクールの合格通知に見た文字を再び目にすることができるとは思っていなかった。彼のこれまでの実績が、客員研究員として認められ、彼の強い思いが、面接官の心を動かしたのだった。

あのときの太郎さんは、目をギュッとつぶり、喜びを全身で感じていた。わたしは、

「太郎さん、やったね。本当によくやったね。おめでとう」

と拍手を送りながら、太郎さんの可能性を信じるという判断を下してくれたハーバード大学にも、心のなかで拍手を送っていた。


その数週間後、太郎さんの放射線治療が始まった。

これは、アメリカにいくために必要な治療だった。

それと時期を同じくして、わたしは、自宅で異様な物体を見つけた。

白い色をした、人の上半身を模った金属の模型のようなものだった。

太郎さんに、これはなにかと聞いてみると、

「放射線治療を受ける時に、僕の上にかぶせるカバーなんだよね。僕の場合、上半身全体に放射線を当てるから、身体が動かないようにカバーをしなくてはならないらしいんだよね」

わたしはその話を聞いた時、この固い、冷たい、重いカバーをかけられ、放射線をあびている太郎さんの気持ちを想像すると、胸が締め付けられるような思いがしたことを覚えている。

生きるために、そしてさらなる挑戦をするために、全てをかけて闘っているんだなと。

放射線を受ける回数が重なるごとに、太郎さんの皮膚は変色し、硬化していった。

そして、声もますます擦れていった。

通常は入院しながらおこなう放射線治療だったが、太郎さんは通院で行っていた。

治療の合間は、時間を惜しむかのように、通常通りに出社していたので、会社のスタッフは、
太郎さんがこれほど過酷な放射線治療を受けていたことを、知らなかったかもしれない。

太郎さんがあと何日であと何回で治療が終わる、とくり返し数えるようにいっていたことを思い出す。


治療が中盤に差しかかってきた頃、太郎さんからこんなことを聞かれた。

「抗がん剤と放射線治療って、どっちがつらいと思う?」

わたしは、通院で治療できる放射線治療の方が、負担が小さいのではないかと漠然と思っていた。しかし、太郎さんのケースは、そうでもなかったらしい。

放射線治療の副作用は、想像以上に大きかったようだった。

まず、この治療で唾液腺がこわれてしまったようで、唾液がでなくなり、口のなかが常に乾燥するようになった。食事をするときは当然のことながら、話すときも、ペットボトルの水を飲みながら口を潤しつづけなければならなくなった。

味覚障害もさらに進み、抗がん剤で金属の味しかしなくなっていた味覚に苦みが加わった。人の三大欲求である食欲をみたす味覚を失うということは、人生の喜びの一部を失うことに等しいともいえるだろう。彼が、

「普段のさり気ない食事を美味しいって思えることが、いかに幸せなことか」

と話していたことも思い出す。

さらに、喉や口の機能が全般的に低下したことを受け、嚥下や話すことにも支障を感じるようになっていたようだった。

会社や自宅マンションのエレベーターでは、必ず、「あ・い・う・え・お」と口の筋肉を動かす練習をしているんだ、と言っていた。話すことも、食べることも、飲むことも、いままで以上に神経を集中させないといけなくなっていたようだった。

それこそ、頭頸部には、ありとあらゆる神経や機能が集中しているので、放射線治療により機能が低下することは、すなわち生活の質（クオリティ・オブ・ライフ）に直結するということを、この時、痛感したのだった。

そんないくつもの不便さを抱えながらも、彼は決して弱音を吐かなかったのである。

辛くないはずがなかった。

しかしその素振りさえ極力見せないよう、努力をしていたのだと思う。

「愛莉が生まれたとき、ぼくが一番最初に抱っこしたんだよね」

彼は立ち合い出産で、わたしよりも早く、小さな小さな愛莉をそっと、嬉しそうに抱っこしていた。

その目は、本当に優しい目をしていた。

「愛莉の赤ちゃんも、一番にとは言わないけれど、この腕に抱っこしたいんだよね」

太郎さんは、愛莉の誕生を心待ちにしていたし、その娘に自分の知りうることを全て教えてあげたかったに違いない。そして、愛莉の子供にもできる限りのことをしてあげたいと思っていたのだろう。

そんな太郎さんは、自分の子供ということだけでなく、子供が本当に好きだった。

大学卒業後の進路として、幼稚園の先生になることを真剣に考えたこともあったといっていた。太郎さんは、幼稚園の先生にならなかったかわりに、初任給から結婚するまでの間、ずっと給与から一万円ずつを、児童養護施設に寄付をしていたことをわたしは知っている。

太郎さんには、病を克服して、やり遂げたいこと、大きな夢、小さな夢が沢山あったのだ。

きっと、放射線を上半身に浴びながらも、彼は、そんな夢のことを考えていたのではないかと思う。太郎さんは、生きるために、放射線治療に賭けたのだ。

そして、約二ヵ月にもわたる三十回もの放射線治療が終わった日のことである。太郎さんから、一緒に遅めのお昼を食べようと電話がかかってきた。

当時のわたしは、大和総研に勤めていた。太郎さんががんになる前までは、フリーでテレビ局のキャスターをしていたのだが、それはわたしの長年の夢でもあったし、とてもやりがいのある仕事でもあった。しかし、太郎さんが深刻な状態であると知った時から、どんな状況になってもわたしが、家族を支えていく覚悟をした。

わたしはフリーのキャスターという立場で、長期的に安定を求めていくことには自信がなかったことに加え、仕事の範囲が経済畑に寄っていっていたことから、一念発起してアナリストの資格に挑戦することにした。そして、その資格とマスコミでの経験をもって大和総研に再就職したのだった。

太郎さんの弾むような声を聴いて、わたしもなんだか嬉しくなり、電話を切るなりオフィス近くのレストランを予約した。

そして忘れもしない、レストランに向かう道で見上げた空が、とてもきれいに晴れあがった青空だったことを鮮明に覚えている。

約束の時間になると、太郎さんは焼けた肌に真っ白なシャツ姿で登場した。まるで、いま海から戻ってきたばかりのようだった。

そんな太郎さんの姿を見て、わたしは、結婚したばかりの時に彼に同行した、太郎さんの講演会での話を思いだした。

ステージの上では、少し髪の毛の長めだった太郎さんが、講演を聞いている学生さんに話しかけるように語りかけていた。


皆さんは、自分のイメージカラーを持っていますか。

それは何色ですか。

でも、それだけをイメージするのでは足りない。

その色から、相手になにを連想させたいと思っていますか。

ぼくのイメージカラーは青。

なぜ、青なのか。それは、僕が、全てを包み込んでくれる海が大好きだからなんです。

僕は人に会うとき、それが初対面のときはなおさらこんなことを意識しています。

僕がここに立つと、そのバックには大きな海と砂浜がぱっと広がり、潮の香りがするような、そんな印象を皆さんに持ってもらいたい、そこまで意識をしてここに立っています。

皆さんも、面接で扉を開けた瞬間、自分の色だけでなく、自分が伝えたいイメージまで相手に伝えられるように全身で表現してみてください。

それが人の心に棲むということなんです。

あの講演会から十年近くの月日が経過していたが、太郎さんはあの時の太郎さんとなんら変わっていなかった。ほんの数時間前まで、二ヵ月にもわたり、三十回もの放射線治療を受けつづけてきたとは思えないほど生き生きとしていた。

わたしには太郎さんのバックに青い海と、白い砂浜が見えていた。

太郎さんはどんな時も、海が似合う杉村太郎だった。

# 第十章　七年目の再発

## 【仕事】

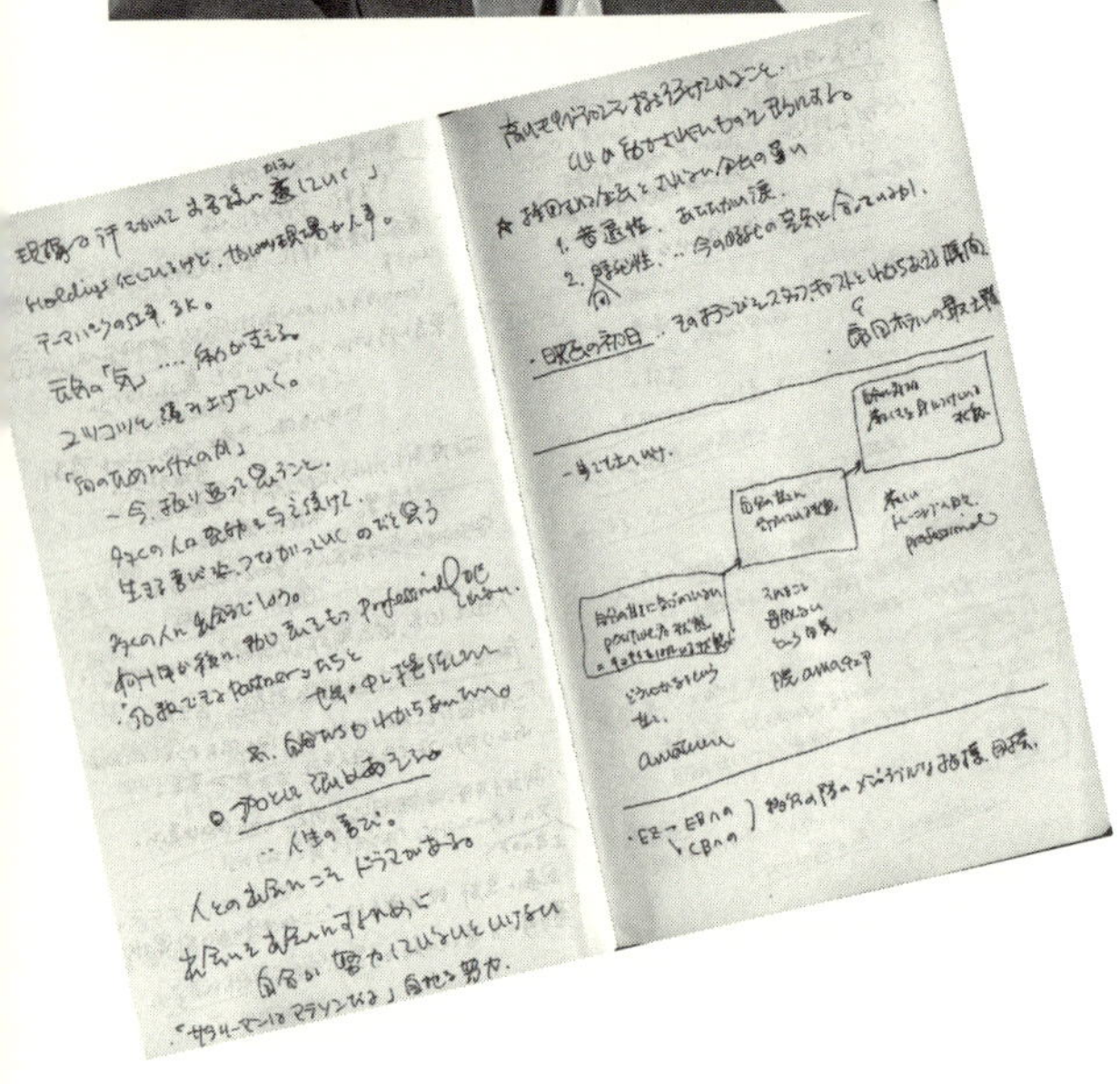

面談をしているときの杉村太郎はとても病人とは思えないようなエネルギーを放ち、人の眼をまっすぐに見つめ、どうすればその人の人生が輝くかということを真剣に考えていた。
アイディアや印象に残った言葉は必ず持ち歩いていたノートに筆記して記憶していた。こうした学びと記録の積み重ねが彼の人間性を作っていったといえると思う。

「絶対」を信じられるか 信じられないか、
それが人間を2種類に分ける。

『アツイコトバ』 36ページより引用

季節は移り変わり、二〇〇八年秋、いよいよボストンへ出発する日がやってきた。

二〇〇〇年にニューヨークに向けて出発した時には、太郎さんとわたしは大きなリュックを背負って、成田空港の出発フロアに立っていたが、今回は太郎さん単身での渡米である。

客員研究員という立場なので、ボストンにずっといなくてはならないということではなく、ある程度、研究の体制さえ整えられれば、比較的自由に東京とボストンを往復することが可能であるとのことだった。

まずは、ボストンでの生活の立ち上げと、研究体制と人脈の構築。

前回の留学の時とは少々勝手はちがうが、二年間住んでいたボストンなので、大丈夫だろうとわたしは思っていた。

太郎さんも、そう思っていたはずだ。

「行ってらっしゃい。最初は一人で少し大変かもしれないけれど、大丈夫、がんばってきてね」

太郎さんも、もちろんわたしも、希望に溢れていた。

生活を立ち上げる最初の一ヵ月間、太郎さんがボストンでどんな生活をしていたかは、じつはあまりよく知らない。

その数か月後に太郎さんが一時帰国した際には、研究仲間の話や、ボストンで開かれたカンファレンスに参加した時の様子、あの懐かしい日本食レストランで焼き魚定食を食べるのがいかに楽しみだったかなど、いろいろと話してくれたが、最後に
「やっぱり家族と一緒にいるのが、一番いいな」

と言った太郎さんの表情は、とてもリラックスしているように思えたので、

「そうでしょう。わたしたちが一緒にいることが、どれだけありがたいか分ったでしょう」

と、ふざけて言いながら、

「もう行かなくてもいいんじゃない」

と心のなかではメッセージを送っていた。

その後も、太郎さんはアメリカと日本を数往復しながら、徐々にメインの生活拠点を日本に置いて、ビジネス展開と研究活動の両立をはかっていった。

二〇〇九年の冬、太郎さんがあの放射線治療を終えてから、一年半近くの時が経過しようとしていた。

その間は再発もなく、病気のことを話すこともない平和な日々がつづいていた。これだけ平穏な日々はわたしにとっても久しぶりのことで、病気のことを考えずに過ごせる日々を生きながら、こんな幸せがあったのかと思っていたほどだった。

それと同時に、わたしは、娘が初めてみる世界、経験する世界は、できるだけ太郎さんと共有させてあげたいと思うようになっていた。

太郎さんは絶対に完治する、と信じてはいたが、一方で、家族でたくさんの思い出を作れるときに作っておきたいとも思っていた。

空の思い出、山の思い出、海の思い出、思い出をたくさん作りたかった。

愛莉がこれからの長い人生を歩んでいくなかで、空を見ても、山に行っても、海に行っても、そこには、家族と過ごした幸せな思い出が散らばっていて、とくにパパとたくさん笑った、パパにたくさん愛してもらった、そんな思い出を心のどこかに残してあげたかったのだ。

パパとのたくさんの経験を通して、彼女の生きる糧にしていってほしかったのだ。

わたしが仕事の休みを取れる時に合わせ、太郎さんにも休みを取ってもらい、家族でいろいろな場所に出かけた。

夏には、長野県の信州白馬に行き、パラグライダー体験で空の世界を楽しんだ。

インストラクターと一緒に飛ぶ、二人乗りタンデムパラグライダーだった。

このダンデムフライトとは、通常の倍くらいの大きさのある二人乗り用のパラグライダーのことで、プロのインストラクターがうしろに乗ってくれた状態で大空を飛ぶというタイプのものだった。

地平線に連なるアルプスの山々を眺めながら、太郎さんと愛莉は横に並んで、掛け声をかけあいながら、何度も、テイクオフする練習を繰り返していた。そして、本番では、

「3．2．1……　GO！」

と二人は呼吸を合わせて、標高千五百メートル近い冬場はゲレンデになるその山から助走をつけて飛び出した。

太郎さんと愛莉は大空で
「愛莉ー、大丈夫かー」

「パパー、気持ちいいねー」

そんな会話を交わしながら、高度差八百メートル近いフライトを十分程度、思う存分楽しんでいた。

わたしは、二つのカラフルなパラソルが、右へ左へと揺れながら、近づいたり、離れたりしながら、徐々にゆっくり降下していく様子を山の上から眺めていた。

ある時は、静岡県の熱海市で、体験ダイビングをして海の世界を楽しんだ。

太郎さんはスキューバダイビングのライセンスを持っていたが、愛莉はまだ小学生という

ことで、体験ダイビングならできるということだった。

熱海の海は、穏やかな日には驚くほどに透明度も高く、熱帯魚の群れを存分に楽しめるという。

愛莉にとっては、初めてのウェットスーツ。

インストラクターから、ボンベの扱い方や、マスクに水が入ってしまった時の対処方法などの説明を受け、パパがその横で一生懸命に教えていた。インストラクターの後につづいて海に入ると、そこに広がる神秘的な世界に、愛莉は夢中になっていたという。きょろきょろとしながら、パパのうしろを一生懸命泳ぎながらついていっていたらしい。わたしも初めてボンベを背負って海に入った時には、竜宮城ってほんとうにあるかもしれないなと思うほど感動したことを思い出す。

愛莉には太郎さんと一緒に、そんな経験をたくさんさせてあげたかったのだ。


他にもたくさんの思い出を家族で作りたかった。

なぜ、それほど思い出を作りたかったのだろう。

もしかしたら、太郎さんが病気になったことで、太郎さんがいかにわたしたちにとって、大切なかけがえのない人なのだと思い知らされたからかもしれない。

あちこちに思い出をつくることで、太郎さんと一緒にいられるような気がしていたのかもしれない。そんな日々を送りながら、

「太郎さん、最近、検査ちゃんと行ってる?」

「大丈夫、先生に来てくださいといわれているペースではちゃんと検査を受けているから」

「なら、いいんだけど。検査だけはしっかり受けてね」

とだけ付け加えた。


そんなある日、わたしは思い切って、こんなことを太郎さんに持ちかけてみた。

「太郎さん、愛莉に、妹か弟を作ってあげない?」

太郎さんは、正直驚いた顔をしていたが、わたしは本気だった。

わたしには、どうしても、できるならば、やっておきたいことがあったのだ。

それは、愛莉に妹か弟を作ってあげること。

もし父親になにかがあった場合には、わたしたちは母と子の二人で生きていくことになる。

もし、わたしになにかあったら、彼女は一人になってしまうのだ。

実際、太郎さんの父も父親(太郎さんの祖父)が急逝したあとに母親も亡くしている。

そのつらい局面を姉妹と力を合わせて乗り切ったではないか。

人生は、いつなんどき、なにがおこるかわからない。わたしもそれを痛いほど分かっていた。どんな時にも、支え合える、信じ合える、そんな家族をわたしは作りたかった。

あたらしい命を授かれるならば、それは性別などは関係なく、幸せなことだが、さらに男の子を授かったらどんなにいいだろう。太郎さんの父親が両親を亡くした後、命をかけて姉妹を守り、家族を支えてきた、家族の歴史を知っていたわたしにとって、一入《ひとしお》の思いがあったのだ。わたしは、どうしても、お父さんの思いも引き継ぎたかったのだ。


太郎さんは、そんなわたしの気持ちをよく理解してくれた。

むしろ、彼の方がそれを望んでいたのかもしれない。

新しい命を授かるということは、責任が伴うことでもあるので、太郎さんは、なにかがあったときのことを考えてあきらめていたのだろう。

わたしが思いも掛けず、こんなことを言いだしたものだから、最初は相当動揺していたようだったが、医師にそれが可能なのかどうか相談してみると言ってくれた。


そして医師の話によると、特に問題はない、とのことだった。

これは、あとからわたしの産婦人科医に聞いたときにも同じ回答であった。

太郎さんが闘病しているといっても、恒常的に抗がん剤の治療を受けているわけではないことと、放射線を浴びているのも上半身なので、特段問題はないということだった。

わたしは、可能性があるのだと、胸をなでおろした。この時には、すでにわたしも三十五才になっていたので、高齢出産の入り口にたっていた。

長女の愛莉を出産してから十年もの月日が経過しており、太郎さんの再発もここ一年半していないという機会を逃してはいけないと、久しぶりに妊娠に関する本を読み始めた。

会社の昼休みには、丸の内にあるオフィス近くの大型書店に出かけていき、高齢出産の本から、産み分けの本まで、一通り目を通し、太郎さんにも読んでもらった方が良い本は購入して、読んでもらうようにしていた。

科学的に証明されているのかどうかまでは分からないが、なるほどと思われるようなことが本には沢山書かれていたので、自然体でできることはできるだけする、という方針を立て、食生活や、生活習慣など、本で紹介されていたことをできるだけ実践するようにした。


そして、二〇一〇年。

わたしは妊娠した。奇跡的に、と書いてもいいかもしれない。

第二子を授かれたことに感謝した。その時、すでに愛莉は十歳になっていた。

愛莉が幼稚園の時だったろうか。サンタさんに、

「弟か妹がほしいです。ママのお腹に赤ちゃんが来ますように」

そんな手紙を書いていたこともあった。

「兄弟は作らないの？」

「兄弟が多い方が、子供も楽しいし、子育ても楽よ」

と人からさりげなく言われるその言葉が、とても辛かった。

夫が抗がん剤治療を受けている状態では、子供はつくれないと思っていたのだ。

わたしも、また、太郎さんが闘病していることを、人には言いたくはなかった。

仕事場でも直属の上司や親しい人以外には、夫が闘病していることは告げていなかった。

その理由は、太郎さんと同様、病気のことを心配されるのはとてもありがたく、心強かった一方で、忘れたいことでもあったからだ。

頭のなかに常に病気のことがある状態を作っておきたくなかったのだ。


妊娠が分かった時、わたしはどのように太郎さんと愛莉に告げようかとワクワクしていた。

ある日、わたしたちは、両親揃って愛莉の塾のお迎えに来ていた。

塾が終わる八時頃になると、ビルの前に、黒山の人だかりができる。

子どもたちを迎えにきた、両親の人混みである。

太郎さんは、大抵の場合、その人ごみの最前列の中央をキープして、愛莉がビルから出てくるのを待ち構える。

その日も愛莉が大好きなお菓子を片手にもって、娘が出てくるのを待っていた。

眼鏡をかけた愛莉が出てくると、太郎さんはいつも通りお菓子を渡して、

「よくがんばったな」

とねぎらっていた。

太郎さんは、多くの日は、そのあと再びオフィスに戻ることが多かったのだが、その日は皆で電車に乗って自宅に帰ることになっていた。

駅に向かう途中、太郎さんと愛莉が楽しそうに塾の話をしている姿をみて、

「あのね」

とわたしは話しかけた。

「ん?」

「これみて」

そういって、カバンのなかからジッパー付きビニール袋に入れられたスティックをちらっと見せた。太郎さんは、

「あかちゃん?」

と早口に聞いてきた。

「そう!」

と告げると、

「やったー!」

と太郎さんは大きな声を出してガッツポーズをした。愛莉はなにが起こったのか分からず、

「なに? どうしたの?」

「赤ちゃんが来るぞー」

「本当? やったー!」

「やった! やった! やった! やった!!」

と、二人は両手を交互に上げ、その場で踊り出すほどに喜んでくれた。

良かった…、本当にわたしもうれしかった。これで、念願の四人家族になれると思い、そんな日が来ることを誰よりも楽しみにしていた。


妊娠が分かってひと月後のことだった。定期検診で、また再発が分かったのだ。

再発が止まっていた奇跡の数ヵ月に授かった命。

この子のことを、太郎さんも「奇跡の子」と呼んでいた。お腹の子は、わたしたちにとって、新たな生きる希望になっていたことは、いうまでもない。

その後、お腹の子は、順調に育っていった。

太郎さんは、少しずつ大きくなるわたしのお腹を見ながら、なにを考えていたのだろうか。きっとわたしに心配かけまいと思っていたにちがいない。

そして、なにより、無事に生まれてきてほしいと願っていたのだろう。

妊娠三ヵ月頃、太郎さんは手術をして転移巣であるリンパ節を切除したが、その後の抗がん剤治療はおこなわれなかった。

その理由は分からない。

説明されたのかもしれないが、わたしは覚えていない。

その後、どんどんわたしのお腹は大きくなっていき、産休も近づいてきた頃に、太郎さんが病院に行ったことは知っていた。

しかし、太郎さんは、詳細についてはわたしに話してはくれなかった。

その時のわたしは、愛莉とおなかの子のことで精いっぱいだったし、太郎さんにもわたしのそんな気持ちが伝わっていたのかもしれない。

だから、わたしに相談できずにいた、心配をかけまいと思って。


その後、分かったことなのだが、同年十二月頃のことだ。

つまり、外科手術でリンパ節転移を切除してからまだ半年も経っていない時期に、次の転移が見つかったようだった。しかし、その転移巣は、切除できる場所ではなかった。

甲状腺に再発していたのだ。迷走神経が走り、気管と大血管に癒着したその場所は手術のできない場所だった。手術もできない、放射線治療もこれ以上受けることができないという現実を、太郎さんはどのように受け止めていたのだろうか。


太郎さんが外科病棟に入院していた時のことだ。

同じフロアに入院されていた患者さんがこんなことを言っていたのを思い出す。

「杉村さん。まだ治療方法があるだけ幸せですよ」

抗がん剤に耐性ができ、放射線も限界まで浴びてしまうと、外科手術しかない。

しかし、切除できない場所にがんができたら、それは、もう手の施しようがないということを意味する、ということを言っていたのだろうか。

太郎さんは、この時、なにを感じていたのだろう。

年明けには、第二子が生まれてくる。

そして、いま、自分はいよいよ余命を知ることとなった。


翌年、二〇一一年一月十日、待望の長男が誕生した。

この長男は、不思議なことに、太郎さんと深い縁を感じるほどに、太郎さんと多くの共通点を持っている。

太郎さんの誕生日は、一九六三年十一月十日。

干支は兎で、血液型はO型、左利きだ。

息子も同じ十日生まれで、兎年、O型の左利きなのだ。

息子の出産時、太郎さんには愛莉と一緒に待っていてもらい、息子は立ち合い出産ではなかったが、生まれた息子と初めて対面した太郎さんは、愛莉が生まれた時と同じ優しい目で、息子を見つめていた。

この時のわたしは、彼の気持ちを知ることができていなかった。

新しい命を迎えた一方で、もう一つの命の炎が消えようとしていたなんて、想像すらできなかった。

息子の名前は、いくつか候補は挙がっていたが、最終的には、息子の顔を見てから決めようということにしていた。実際に名前を付けるとなると、なかなか決められずに、区役所に出生届を出さなくてはならない前日まで、家族で何度も話し合った。

太郎さんは大学ノートの一ページ目から最終ページまでをびっちりと使い、思いつく限りの名前を書き連ねていた。そして、最後に何かを生み出すような感じで、「楽（がく）」でどうだろうかといってきた。

名前の由来はこうである。人は、自分の行動で人を幸せにできた時に、本当の意味での幸せを感じられるものだと太郎さんはいっていた。「がく」の字が「楽」であることを知る人が、彼の名前を呼ぶたびに、「楽」という文字が目に見えない力となってその人の人生を楽しく幸せな方向に導いていくような、人を幸せにする力を持つ名前を付けたいと熱く語っていたことを思い出す。

きっと、太郎さんは、息子の名前に、自分の魂を残したかったのだろう。

そして、この名前には、もう二つの深い意味が込められていた。

この「楽（がく）」という名前を横文字で書くと、「ＧＡＱ」となる。

つまり、太郎さんが命を懸けて生み育ててきた、「我究館（ＧＡＱ）」を意味するのだ。

そして、「愛莉（めりい）」を横文字にすると、ＭＥＲＲＹ、つまり「楽しい」「幸せ」となり、弟の「楽」と同じ意味を持つのである。

太郎さんは、この名前に相当な思いを入れていたようで、

「息子の名前は、最終的には僕に決めさせてくれ」

と言っていたが、わたしたちも、その名前がとても気に入っていた。

姉と弟の名前の両方に、太郎さんの同じ思いが込められているのだ。

「楽には、人生を大いに楽しんで生きていってほしい」

この名前に込められた思いこそ、太郎さんが一番、子どもたちに伝えたかったことなのではないかとわたしは思っている。


息子と産院から退院して一ヵ月が経過した頃、日本は未曽有の東日本大震災に見舞われた。

あの日のことは忘れもしない。

わたしは杉並の実家に楽を預け、出産後の気分転換にと久しぶりに美容院に行っていた。震災直後、わたしは運行するバスに飛び乗ってなんとか実家にたどり着き、実家に置いてあった車の後部座席に括り付けてあったベビーシートに楽を乗せ、目黒区にある愛莉の小学校にむかった。街のところどころで大渋滞がはじまっており、楽はベビーシートで終始泣いていたが、わたしは裏道を使いながら、一刻も早く娘のところに辿りつくことに必死だった。

オフィスにいた太郎さんと携帯で連絡が取れたのは、それから数時間後のことだった。

街中がパニックだった。

そのあとも、連日、テレビに映し出される福島第一原発の映像を見ながら、なにがなんだか分からない状態にいて、わたしは、ふたたびなにが起ころうとも、子供たちと家族を守らなければと必死で考えていた。

翌、四月には、愛莉が小学校六年生に進級し、いよいよ中学受験に向けた最後の一年を迎えていた。

五月には、震災の影響で先延ばしにしていた、楽の初宮参りと初節句をおこなうなど、それはもう慌ただしい日々が飛ぶように過ぎていった。


いま思い返すと、そんなさなか、確かゴールデンウィークの直前頃に、太郎さんが病院に行っていたように記憶している。

太郎さんの声がますます擦れ、聞き取りにくくなっていたことも、気にはなっていた。病院から戻ってきた太郎さんは、その後、数日にわたり、誰かに会いに行っていたようだったが、わたしには、詳しくは話してくれなかった。

その時の太郎さんの様子といえば、どことなく覇気がなく、楽のお宮参りの時でさえも、どこかわざと明るく振る舞っているようにさえ感じられた。

ただ、家族との時間は、心から楽しんでいるようだった。

そんな合間をぬって、太郎さんは、福島のボランティアにも行っていた。

太郎さんは、阪神大震災の時にも、ボランティアに参加しており、こういった有事を他人事とは思えずに、なにか自分にできないものかと、居ても立ってもいられなかったのだと思う。

この時は、自身の命がすでに限られたものであると分かっていたからこそ、いままで以上に、誰かの役に立ちたいと、強く思っていたのかもしれない。

一週間弱のボランティアから戻ってきたある日のことである。

とても気持ちよく晴れ渡った、過ごしやすい日だった。

わたしはいつものように、自宅近くの公園で、楽を抱っこ紐に入れてぶらんこに揺られていた。

携帯が鳴ったので画面を見てみると、太郎さんからだった。

「もしもし、太郎さん、どうしたの?」

「たこぴ、いまどこにいるの?」

その声は、いつもと特にかわらなかった。

「ん？　いま、拡張公園で、楽とぶらんこに乗ってるよ」

「あ、いたいた」

「え？　あー、太郎さん」

わたしは電話を切ると同時に、太郎さんが、公園の入り口から手を大きく振りながら、こちらに向かって歩いてくるのを見つけた。

今日は会社に行ったはずなのに、どうしたのだろう。

その時の太郎さんは、おだやかな表情をしていた。

「太郎さん、どうしたの」

「ん？　ここにいるかなーと思って。昼ごはん食べた？」

「まだだけど。せっかくだから一緒に食べようか」

こんな機会は珍しかったので、素直にうれしかった。

自宅近くにある、東京大学の駒場キャンパス内に、小さな庭園を持つフレンチレストランがある。たまに結婚式で貸し切りが入るような、地元では人気のレストランだ。そこはわたしたちにとっても、お気に入りの場所だった。

天気が良い日には決まって指定するテラス席に通してもらい、私たちは白いパラソルの下に腰かけた。

「過ごしやすくなってきたね」

そんなごく普通の、ありふれた会話を交わし、ベビーカーでスヤスヤ眠る楽の寝顔を二人で眺めながら、ゆっくりと昼のひと時を過ごした。

食後のコーヒーが運ばれてくると、太郎さんは立ちあがり、

「ちょっと楽とお散歩に行ってくるね」

と言って、目を覚ましたばかりの楽をそっと抱きあげ、テラスの正面につづく庭園の奥に向かって歩いていった。

太郎さんは、箱庭のようなその庭園をゆっくりと歩きながら、なにか楽しそうに、しきりに楽に話しかけているようだった。

遠目ではあったが、楽を見つめる太郎さんの横顔はとても幸せそうだった。

「ここまで、いろいろ大変だったけど、そろそろ落ち着けるといいな…」

このまま、しばらく時間が止まればいいのに、とさえ感じるような時間だった。

ほんとうに、久しぶりだったのだ。

いろいろなことに追われ、立ち止まって感じる余裕すらなかったわたしにとって、この時間はご褒美のようにすら感じていた。

そのあと、お店をあとにしたわたしたちは、ぶらぶらと歩きだした。

その道すがら、太郎さんが、ぽつりぽつりと話し始めた。

「このあいだ、Ｓさんの結婚式にいったでしょう」

「うん、良いご縁になって良かったよね」

四月に結婚式を挙げられたカップルのことだったが、お二人なら幸せになるのではないかと、太郎さんが双方を紹介したのだった。

その結婚式で、太郎さんがお祝いのスピーチをしたということは聞いていた。

「僕の席の隣に、Ｈ先生という方が座っていてね、僕の声が擦れていることを心配してくれて、僕も、病気のことを少し話したんだよね。そしたら、今度、紹介してくれる先生がいるっていうんだ。今度会いにいってくるね」

「それはよかったね。でも、いまの病院は大丈夫なの？」

「たこぴ、また転移が見つかったんだけど」

「え？　いつ手術するの？」

「もう、治療方法がないっていわれているんだ」

わたしは、言葉を失った。


一体、どういうことなのか。

「抗がん剤治療は？　もう受けられないの？」
「たこぴ、覚えてる？　僕は抗がん剤のなかでも、最も強い薬を三種類点滴してもらっていたんだよ。それでも転移が出てきているってことは、抗がん剤が効果ないってことらしいんだよね」

太郎さんががんと診断された時点ですでに、悪性度の高い進行がんと分かっていたので、薬の効果を見ながら治療を進めましょうという状況ではなかった。

ある意味、身体がもつ限り、最終兵器でもある薬を使いきって、がんを徹底的に叩いて消滅させることにかけてきたのだった。

抗がん剤でがん細胞をいったんは抑えられるものの、生き残ったがん細胞は再び増殖し、再発するのだ。そして、最終的には抗がん剤が効かなくなってしまうのだ。

わたしは、太郎さんの腕の血管を鮮明に思い出した。

皮膚につくだけでも皮膚を溶かしてしまうという薬剤を直接静脈に入れることで、血管はどんどん傷んでいってしまう。太郎さんの腕の青々としていた血管も、次々と傷んで細くなり、点滴を入れる血管探しに看護師さんは苦戦していた。

それほどまでにも強い、言い換えるならば効果が期待されていた三種類の抗がん剤すべてに耐性ができてしまったということなのか。

「だったら、今度は転移したところだけに、放射線を当ててもらえないの？」

「もう、放射線は限度いっぱいまで浴びてしまってるから、これ以上は浴びれないらしいんだよ」

扁平上皮癌は放射線が効きやすいがんだと聞いていたのに、再び転移が出てきているということは、放射線も効かなかったということなのだろうか。

「だったら、手術でとれないの？」

「うん……、そうなんだよね。これまで、転移を早く見つけて取っていけさえすればいいって思っていたんだけど、そうもいかないってことが分かったんだ。取れない場所にできるってこともあるんだよね」

太郎さんが言っていることは理解できたが、わたしの思考が追い付かなくなっていた。

まさに、八方ふさがりとはこういう心境のことをいうのだろうか。

楽のお宮参りの時の、あの太郎さんの表情は、こういうことだったのか。

実は、その先にどのような会話をしたのかは思い出せない。

ぷつりと、記憶が途絶えてしまっているようだ。

わたしは、そのあと、数日なにをしていたのだろう。

なにを考えながら生きていたのかも定かではないが、ただひたすら信じること、祈ることしかできなかったようにおもう。

五月も下旬に入ったころだったろうか。

太郎さんが家に帰ってくるなり、

「たこぴ！　治るかもしれない。生きられるかもしれないよ」

それは、あの懐かしい、希望にあふれた太郎さんの声だった。

「太郎さん、どういうこと？」

「今日、H先生に会いにいってきたんだ。そこでね、『あなたのような人を失くしてはいけないと真剣に思っています。わたしたちが、絶対に死なせませんからね』って言ってくれたんだよ。本当にうれしくて、うれしくて、涙が止まらなかった」

人前で、あれほど大泣きしたのは初めてだとも言っていた。

それほどまでに、太郎さんは追い詰められていたのだろう。

その気持ちが痛いほどわかり、わたしも苦しくなった。

「それでね、H先生が信頼しているというドクターを紹介してくれたんだ。先端ゲノム医学の先生で、僕のがん細胞を遺伝子レベルで解析して、僕のがんに効くワクチンを創ってくれるっていうんだよ」

最先端の医学の話をしているのだろうか。

この時のわたしには、いま一つ理解ができなかったのだが、この治療こそ、ここ最近になって、がん治療革命として注目されているプレシジョン・メディシンの一種だったのだろう。

これは、これまでのがん治療とは全くことなり、がん細胞の遺伝子を解析して、がんの原因となる遺伝子変異を調べるというものである。そこから、そのがんに効果がある分子標的薬を作るという、革命的ながん治療の臨床試験であった。

全国の国立大学病院をはじめとするネットワークで、部位別にがん細胞のゲノム解析をおこなっているとのことで、まず、太郎さんのがん細胞の遺伝子を解析するのに一ヵ月近い日数を要するとのことだった。しかし、そこで遺伝子変異を特定することができるかどうかは分からない。ましてや、太郎さんは、原発不明癌という希少がんであったから、なおさらであった。また、仮に遺伝子解析で遺伝子変異を見つけられたとしても、効果が期待できるワクチンが提供されるかどうかも分からなかった。

しかしながら、現代医学でなす術がないと、医療の限界を言いわたされた末期患者である太郎さんとわたしにとって、この治療が生きる希望を与えてくれたのは紛れもない事実であった。

太郎さんのがんは、希少がんに分類されていたので、分析に少し時間を要するようだった。

しかし、

「治るかもしれない」

その希望はなにものにも代えがたく、彼をふたたび生かしてくれる魔法の言葉となったのだ。

その日から太郎さんはふたたび、力強く生き始めた。

自分がふたたび治療に専念することで、しばらく離脱しなければならない組織になにを残すのか。

のちに我究館を任せることになった熊谷智宏館長にも、

「時間がないんだ」

としきりに言っていたらしい。そして、太郎さんの頭のなかにあるアイデアを吐き出すように彼に伝えるなどしていたという。

アジア進出も真剣に考えていたので、数日間ではあったが、自ら中国に調査に出向き、関係者を訪問するなどして、ビジネスの可能性を探っていた。

そして、太郎さんが命をかけて書きつづけてきた『絶対内定』（この時書いていたのは『絶対内定２０１３』）の執筆には相当なエネルギーを費やしていた。

彼がやりたいと思っていたことを次々と精力的にこなしていくに際し、月日も飛ぶように過ぎていった。それと同時に、彼の声もますます擦れていき、咳が止まらなくなっていった。

彼の気管を、転移巣が圧迫し始めていたのだった。

わたしは、その様子を見て
「太郎さん、具合が悪いんだったら、入院して治療を受けようよ」

と何度もおねがいをした。

太郎さんの転移は、わたしの知る限りでは二箇所、一つは気管を圧迫するような位置にあり、もう一つは動脈に接する場所にあった。

後者の切除は不可能な場所だったが、前者の気管を圧迫し始めている転移に関しては、気管切開という形で切除することは可能であった。

わたしは、

「太郎さん、わたしは、太郎さんが自分の声を大事にしていることは十分理解しているし、わたしも太郎さんの声が大好きだけど、命には代えられないよ。気管切開して、少しでも楽になろう。そして、臨床試験の連絡を待とうよ」

そう、彼に話したことを鮮明に覚えている。

太郎さんは、

「たこぴがそう言ってくれると、心強いよ。安心する。ありがとう」

そして

「この『絶対内定』を書き終えたら、入院して手術することにするよ」

そう約束してくれた。

わたしは、太郎さんが新婚旅行でも原稿書きをつづけていて、

「これは、僕の遺書だと思って書いているんだ。僕が死んだあとでも、この本が、若者の生きる道を示すことができるように、この指先から血が出るような思いで書いているんだ」

と言っていたことを忘れられない。

彼にとって、人生で命をかけてでも成し遂げたいことの一つが、この『絶対内定』を書きつづけることにあるのだと、わたしは思っていた。

だからこそ彼の、〈この本の執筆が終わったら入院するよ〉という気持ちを優先してあげたかった。

七月に入ると、太郎さんの体調はますます悪くなっていたようだった。

食事もせき込んでなかなか食べられなくなっていった。

しかし、わたしと愛莉と楽の四人で外食することは、彼の楽しみでもあった。

わたしたちには、食べなさいとメニューを差し出しながら、本人は、アイスコーヒーにミルクとシロップをたくさん入れて飲んでいた。

あれだけ好きだったコーラは、きっと、炭酸でむせてしまい、飲みにくかったのかもしれない。めっきり飲まなくなっていた。

わたしも、できるだけ嚥下しやすい食品を揃えるようにして、カロリーを摂取できるよう努めていたが、細くなっていく太郎さんが心配で仕方なかった。

何度か、

「病院に入院しよう」

と彼にお願いをしたが、かたくなに、これが終わったらと、原稿の束を離さなかった。

病院に行ったら即手術で、集中して原稿を書くことができなくなるのではないかと思っていたのかもしれない。

わたしは、無事に『絶対内定』の執筆が終わるように、そして、一日も早く治験の連絡が来るようにと、毎日を祈るように過ごしていた。

ある日、太郎さんが自宅で原稿を書いていた時のことだ。

愛莉が友人を連れてきて、家が賑やかになったことを受け、にこやかに
「下の会議室で原稿を書いてくるね」

と言って、パソコンを持って地下の会議室に下りていった。

そして、数時間経過した頃、太郎さんは頬を紅潮させてもどってきて、

「たこぴ、終わったよ」

わたしは、大きな仕事をやり遂げた太郎さんを誇りに思い、これで思い残すことなく治療を受けられることと安堵した。

「あー、久しぶりに楽しかったー。原稿を書くって、本当に楽しいね。幸せだ」

太郎さんが、最後に書いた文章には、
［人に依存せずして、人を愛せよ］
と書いてあった。彼は、有言実行の男だった。

その数日後、太郎さんが『絶対内定』を書き終えたことを見届けたわたしは、太郎さんから何回も話を聞いていた、治験の連絡をまっていたその医師に会いにいこうと心に決めていた。

治験の連絡をいまかいまかと待っている日々を過ごしていたが、太郎さんの容態が芳しくないので、なにかしらの返事をいただけないかとお願いをしたかった。

もし治験までにまだ時間がかかるのであれば、それこそ治験を受ける前に入院したほうがいいのではないかとさえ感じていたのだ。

その日、わたしは勇気を出して、楽をおんぶ紐に入れて、白金にある病院の敷地に立っていた。

太郎さんのメモに残されていた電話番号にかけてみると、当然ながらドクターは不在とのことだったので、医師に会えなかったことを考え、したためてきた手紙を秘書の方に託した。

「よろしくお願いします。必ず、先生にお渡しください。お願いします」

一生懸命生きる、生きようとしている太郎さんの力にどうしてもなりたかったのだ。

その夜、わたしは随分と長いこと、ソファに腰掛けながら太郎さんと話をした。

溢れ出るような思いを、太郎さんは、わたしに沢山聞かせてくれた。

そのなかで、これだけは彼がわたしに託した言葉として記させてもらいたい。

「愛莉には、僕が伝えたいことは、すべて伝えてある。愛莉は、きっといまはまだ分からないと思うけれど、愛莉が成長するにつれ、僕がいいたかったことが分かるようになっていくと思う。少しずつ、なにかを思い出し、なにかに気付いていけるように、いろいろなことを伝えてあるから。

そして、楽はまだ小さいから話せないけど、じつは伝えたいことは、テレパシーで全部伝えてあるんだよ。きっとふたりは、将来、僕と同じように、人を育てたいと思うようになると思うんだ。もしそんな時がきたら、頼むね。それまで、しっかりと会社をつないでいってほしい」

「どんな時も、お星さまになって、愛莉と楽を守るからって、伝えてね」

そして、最後にこう言った。

「やりたいことは次々と出てきてきりがないと思うけれど…、うん。やり残したことはない」


いま思い返すと、まるで遺言のような言葉の数々だった。

翌朝、私が楽と寝室で寝ていると、引き戸がそっと開き、差し込んできた日の光で目が覚めた。眩しい光の先に、太郎さんの姿が見えた。

「たこぴ、行ってきます」

体調は良くないはずだったが、深いグレー色のスーツ姿は決まっていた。

その日、ジャパンビジネスラボの第二十一期中期経営計画発表が行われていた。

太郎さんが設立した、日本で初めてのキャリアデザインスクール「我究館」が二十周年、日本で初めての語学コーチングスクール「プレゼンス」も一〇周年を迎える、記念すべき年に突入した日を迎えることができたのだった。

その日の午後、太郎さんは、あのN先生からの電話を受けとった。

「たこぴ！　N先生から、いま、電話があったんだ、良かった…。来週から、滋賀県の病院に入院することになったから、明日、病院にいって、資料一式をもらってくるね。いよいよ治療が受けられる、がんばるからね」

太郎さんは、わたしがN先生に手紙を書いたことはもちろん知らない。

わたしの手紙が、なにかを左右するはずはないが、ただ先生にわたしの気持ちを知っていただけただけで満足であった。

皆さんのお力で、太郎さんが生きさせてもらっていることを痛感していた。

その夜、わたしは、リビングで一枚の葉書を書いた。

それもお会いしたことのないN先生に宛てたものだった。

太郎さんにお電話をいただいたお礼と、これから治療を受けさせていただくことに対するお礼の言葉を綴った。

そこに、咳をしながら太郎さんが入ってきた。

「太郎さん、いよいよ治療をうけられるね。嬉しいね。思わず葉書を書いちゃった。これからポストに出しに行くから、留守番しててくれる？」

受験生の愛莉は、自分の部屋で勉強しているし、楽は寝室で寝ていた。

「ぼくも一緒に出しに行きたい」

その眼差しは真剣だったので、

「ＯＫ、じゃあ一緒に行こう。でも、楽も寝ているからクイックにね」

わたしは葉書に切手を貼り、自分のペースで身支度を整えて玄関で待っていると、太郎さんがゆっくりと歩いてやってきた。

この時の太郎さんは、少しでも早く歩くと咳こんでしまうので、ゆっくりと動くことを心がけていたようだった。

わたしは、太郎さんの歩調に合わせるようにした。

ポストは、自宅から徒歩二分程のところにある。

時間は十一時を回っていたように思う。

わたしは、これから受けられる治療に希望を感じながら、真っ暗な夜空を仰ぎながら歩いていた。

ポストに到着し、二人で葉書を持って投函した。

わたしは、ポストに向かって、二回拍手をして一礼した。

すると、太郎さんもつづいて、二回拍手をして一礼した。そして、

「よろしくお願いします」

と、小さな声でつぶやいた。

「太郎さんの思いが先生に届くね。一緒にがんばろうね」

小さく、しかしとても穏やかに太郎さんは頷いていた。


ポストの前にコンビニがある。

わたしは、一人で寝かしてきている楽が心配だったので、すぐに家に戻りたかったのだが、太郎さんがコンビニに寄りたいという。

二人でお店に入ると、太郎さんはコーヒー牛乳に手を伸ばしていた。

ゆっくりとお店のなかを回って、会計を済ませた太郎さんを見届けて、

「太郎さん、わたし、楽が心配だから先に帰ってるね。太郎さんは急がなくていいからゆっくりもどってきてね」

太郎さんは、静かに頷いていた。

わたしは小走りで自宅に戻り、静かに寝ている楽の隣に横になった。

しばらくすると、太郎さんが戻ってきたようだった。

「ただいま」

と声がしたので、

「おかえり。横になって休めるだけ休みなね。明日は病院にいくんでしょ」

「うん」

「一人でいける？　付いていこうか？」

「大丈夫、一人でいけるから」

「分かった。無理そうだったら、そういってね。車で送っていけるから」

「ありがとう」

「おやすみ」

「おやすみ」


その後、わたしの記憶にある限りだが、太郎さんは一晩中咳をしていたようだった。


ひと言、書き忘れたことがある。

太郎さんとゆっくり話せたあの夜、言ってくれた言葉である。

「ぼくは、たこぴがいてくれるから、安心だ」

この言葉は、わたしが彼から与えられた言葉のなかで、最もうれしい言葉となった。なぜなら亡くなる直前に、「安心」と言えるほどに、わたしのことを信頼してくれていたということが、妻として一番幸せなことだと思っているからだ。

# 第十一章　生と死

【長男誕生】

死の直前、七ヶ月前に待望の長男が誕生した。息子にはテレパシーで思いを伝えてある、といったというが、なにを伝えたのだろうか。

そして今夜も、疲れ果てて眠れ。

『アツイコトバ』15ページより引用

いよいよ新しい治療が始まる。

まずはスタートラインに立つための準備として、太郎さんのカルテや検査資料一式を病院に取りに行かなくてはならない。

八月四日。明日、太郎さんは何時頃に出かけるのだろうか。


前の晩は、そんなことを考えながら床についた。

そしてまだ深い眠りのなかにいた頃、バタバタバタバタと足音がした。

「ママ！　ママ！　パパが起きない」

「え？」

わたしは飛び起きた。

すでに外は明るくなっていたが、リビングに太郎さんが横になっている。

「太郎さん」

と声をかけても動かない。

叩いても叩いても、反応がない。

お顔は、空を見ている。

「太郎さん！　太郎さん‼」

なんで。なんで、これからなのに。

死なせない、絶対に死なせはしない。


わたしは愛莉に、一一九番をして、パパの意識がない、直ぐに来てくださいと伝えるように指示をした。そして、マンションの管理人室のインターフォンを押しつづけた。

たしか、管理人さんは朝七時からはいるはずだ。

お願い、出てください…

「管理室です」

「杉村です。主人が倒れて意識がないので、すぐに、ＡＥＤを持ってきていただけますか！」

「え？」

「はやく、一刻も早くお願いします！」

うしろで、愛莉が震える声で話しているのが聞こえた。

不安そうな目でがんばっている愛莉。

わたしは愛莉から受話器を受け取って、彼女には、

「愛莉、大丈夫よ。パパは大丈夫」

とだけ言い、受話器に向かって、

「もしもし、急いできてください。とにかく急いでください。いま、マンションの管理人さんにＡＥＤを届けてもらっていますので、できることはしながら待っています」

と言って、電話を切った。それから、ふたたび愛莉に、

「愛莉、玄関のとびらを開けておいて」

と言った。その直後、管理人さんがＡＥＤを持って駆けつけてきてくれた。

「使い方わかりますか？」

と聞くと、

「大丈夫です」

安心した。この精神状態で、説明書を読んでなんて不可能に近い。

管理人さんが手際よく、指示を出してくれるので、それに従って、わたしも動いた。

「準備が整いました。機械から離れてください。３・２・１」

機械のアナウンスが流れた。

「心拍が確認できません。もう一度…」

「え。なんですか？」

「心拍が確認できないようです。杉村さん、もう一度」

「はい…」

遠くで救急車の音が微かに聞こえるように感じていたが、その時、救急隊員の方が駆けつけてくれた。四人ぐらいいたと思う。

まだ早朝七時を回った時刻だったので、道はすいていたようだった。

救急隊員の方は大きな声で
「杉村さん！　杉村さん！　聞こえますか。杉村さん！」

処置が進んでいるようだったが、太郎さんの反応がない。

「太郎さん、太郎さん、これからじゃない。なにやってんのよ！　起きて！」

わたしは、必死に、少し離れた距離から、太郎さんに声をかけつづけていた。

愛莉は、泣いていた。

ひとりの救急隊員の方から、

「奥さん、ご主人はなにか病気をされていたんですか」

と聞かれた。わたしは
「はい。がんを患っていて、今日から新しい治療を受けることになっていました」

「そうだったんですね、わかりました。ご主人のかかりつけの病院を知りたいから、診察券を出してください」

「はい」

わたしは震える手で、太郎さんのカバンをあさり、お財布を取り出した。

ここに、診察券が入っていたはずだ。

そこには診察券が一式入っていた。お財布のカード入れがぱんぱんになるほどに、病院の診察券が、何枚も入っていた。

これだけたくさんの病院にかかりながら、太郎さんが生きようと、生きつづけようと闘っていたことを、その診察券の重さからいたいほどに伝わってきた。

こんなに手が震えるものなのか。わたしはその手で診察券の束を差し出すと、

「ご主人、頑張っていたんだね。さあ、病院にいきましょう」

わたしは、やっとの思いで、携帯を手に取り、実家の電話番号を押した。

出てちょうだい。お願い。

「もしもし」

父の声だった。

「パパ、太郎さんが倒れたの。意識がないの。意識が戻らないの。これからわたしは太郎さんと病院に行くから、愛莉と楽をお願いできる？　また、詳しくは電話するから」

「わかった。直ぐに行くから。愛莉ちゃんに、大丈夫だよって伝えて」

愛莉を見ると、涙を流しながらだが、しっかりと楽を抱っこしてくれていた。

楽は、お姉ちゃんに抱っこしてもらっているからか、泣いていなかった。

この事態を理解し、いまは静かにしていようとしているかのようだった。

「愛莉。ママはこれからパパと病院に行くから、楽を頼むね。グランパとグランマが、すぐに来てくれるから、大丈夫だよ」

そう言って、わたしは救急隊員の人のあとにつづいた。

「愛莉、パパは大丈夫だから」

そう言い残したところで、エレベーターの扉が閉まった。


それから救急車はかなりのスピードを出して、「救急車が通ります。救急車が通ります」と頻繁に周りの車に注意喚起をしながら広尾にある日赤医療センターに向かった。

わたしは、救急車のなかでもずっと、太郎さんに語りかけるのではなく、叫びつづけていた。

「太郎さん、太郎さん起きて！　太郎さん、戻ってきて！」

救急隊員の方も、心臓マッサージをしながら、

「杉村さん、杉村さん、逝っちゃだめだよ。頑張れ！　頑張れ‼」

と声をかけつづけてくれていた。

日赤医療センターに到着すると、医師も看護師も外で待機してくれていたようで、太郎さ

んは直ぐに救命救急センターのなかに運びこまれていった。わたしは、

「太郎さん、太郎さん…。お願いします。太郎さんを助けてください」

と、ひとり言のようにつぶやいていた。


その後、わたしは救急隊員の方に付き添われて、二階で待つようにと言われたような記憶がある。


そこで待つこと、十五分くらい経った頃だろうか。

ひとりの白衣を着た医師と思われる男性がこちらに向かって歩いてくるのが見えた。

〈太郎さんを助けてください。お願いします〉

と、わたしは心の中で繰り返していた。

「杉村さんですね。ご主人ですが、とりあえず蘇生には成功して、心拍は戻っています」

「先生、蘇生できたんですね。本当にありがとうございます」

それは、なによりもわたしが願いつづけていたことだった。

「はい。蘇生はできましたが、意識が戻ることは難しいと思います」

「はい？　どういうことですか」

「蘇生するまでに大分時間が経過しているようなので、意識はおそらく戻らないと思います」

あまりにも衝撃だった。

そのあとに、彼の気道がいかに細くなっていたかなど、こまごまとした説明を受けたが、わたしの耳には入ってこなかった。

意識が戻らないかもしれないと医師は言った。

しかし、わたしは、意識が戻る可能性はゼロではないと思った。

そしてなによりも、太郎さんが生きてくれていることが嬉しかった。

あのまま、息を引き取られるなどわたしには耐えられなかった。

「早く、太郎さんに会わせてください」


それから一時間後くらいだろうか、わたしは、ＩＣＵ（集中治療室）に通された。

太郎さんは酸素のチューブを付けていたが、まるで眠っているようだった。

その姿は、咳もせずにぐっすり眠れているようだったので、わたしは良かったと思った。

どれだけの期間、彼は熟睡できていなかったのだろうか。

太郎さんは、ここ最近みていたなかで一番穏やかな顔をしていたので、わたしはその表情を見て、とても安心したのだった。

その後、愛莉がわたしの両親と一緒にパパに会いに来た。わたしは、

「愛莉、パパは心臓が動き出したから大丈夫だよ」

そう説明するのが、精いっぱいだった。


その夜、わたしは、これまで経験したことのないような、不思議な経験をした。

子どもたちが眠りについた夜中に、わたしはリビングの床に座り込んで呆然としていた。

まさに今日、これから新しい治療が始まるという時に、なぜ太郎さんは倒れてしまったのだろうか。

きっと、体力の限界までがんばったということなんだろう。

太郎さんは、青空を見ていたけれど、これから受ける治療に光と希望を見ていたのだろうか。

太郎さんは、いよいよだ、がんばるぞ、生きられるぞって、きっと嬉しかったにちがいない。

だから、安心した表情だったのだろうか。

その時、わたしの頭のなかがぐるぐると、経験したことのないような感覚を覚えた。

目が回るわけではないのに、頭のなかに圧力がかかり、渦を巻いているような感覚だ。

すると、太郎さんが、よくわたしに話してくれていた人たちの名前が浮かんで、その人に向けられたメッセージのようなものが浮かんできたのだ。

最初は、そんなことを言っていたかなと思う程度のペースだったのだが、どんどんスピードがあがっていき、これはわたしがなにかを考えているのではなく、受信しているんだなと気づいたのだ。

そこで、わたしは

「太郎さん。わかった。覚えきれないから、書き留めるので、ちょっと待って」

と声に出し、手元にあった大学ノートを開いて

「いいよ」

と言った。すると、最初に頭に浮かびあがってきた人の名前が、再び浮かびあがり、その人にこう伝えてほしい、というようなメッセージが浮かび上がってきた。

わたしは、それを書き留めるのに必死だった。そのくらい早いスピードで、次々に人の名前とその人に向けられたメッセージが浮かびあがってきた。

時間にして三十分くらいすると、わたしの頭が圧力なべの圧力が抜けたような感じでブレイクダウンしていった。すると、先ほどのぐるぐるした感覚も消え、人の名も、メッセージも一切浮かんでこなくなった。わたしは、

「太郎さん、分かったよ。ちゃんと思いは伝えるからね」

そう言って、わたしが必死で書き写したノートの走り書きに目を落とした。

その内容は、すべての人に対して、感謝の言葉としてつづられていた。

あれはなんだったのだろうか。

いまでも、不思議な現象だったと思っている。

あの時以来、わたしはこのような経験を二度としたことはない。

太郎さんが、

「愛莉には伝えたいことはすべて伝えたが、楽にはテレパシーで伝えてある」

と言っていたことを思い出した。

あの時は「テレパシー？」と半信半疑だったが、その数日後、わたしは太郎さんからメッセージを受け取ったのだ。あれはいったいなんだったのだろう。いずれにせよ、死に臨んだ太郎さんが、本当に多くの人に感謝していたことは確かであった。


翌日、わたしは、目黒区役所に行き、楽を緊急一時保育で預かってもらえるよう手続きを済ませ、毎日、できるだけ長い時間を太郎さんと一緒に病室で過ごせるようにした。

わたしは、太郎さんの意識は戻る、という奇跡を信じ、彼の両手と両足をずっと擦りながら話しかけつづけた。

ある人からこんなことを聞いたことがあったのだ。

人が母親のお腹の中にいる時に、最初に発達する機能が聴覚で、また最後まで残る機能もまた聴覚であるという内容だった。

たしかに、胎児はお腹のなかにいる時から、耳で多くの情報を得ているという。

ならば太郎さんも、きっと聞こえてはいるんじゃないか。

一方的でもいいから、わたしは、話したい、伝えたい、太郎さんにわたしの話を聞いていてもらいたかった。

わたしは、手足を擦りながら、太郎さんに心から感謝していること、謝りたかったこと、尊敬しているということ、そして、太郎さんを愛していることを伝えた。

結婚生活の楽しかった思い出や、愛莉や楽のことなど、たくさん話しつづけた。

太郎さんは黙っていたが、身体は温かかった。

聞いてくれているだけで、わたしは、救われる思いだった。

あの時間がなかったら、わたしは太郎さんの死を受け止められなくて、壊れていたかもしれないとさえ思う。

わたしの話を最後まで聞いてくれたから、わたしは、最後に太郎さんとの別れを受け入れることができたのだと思うのだ。

八月十五日。

わたしたちの十四年目の結婚記念日だった。この日は、愛莉と一緒にお見舞いに来ていた。愛莉が病院のロビーで、なにかこそこそしていたようだったが、わたしはあえて聞かずにいた。

わたしたちは、ＩＣＵに入る入館証を受け取り、太郎さんの病室に向かうと、太郎さんが昨日とは向きを変えて眠っている。看護師さんが、定期的にそうしてくれているようだった。

病室に入ると、愛莉が突然
「はい、ママ。結婚記念日おめでとう」

と言って、お花のカードを差し出してくれた。そこには、

「結婚記念日おめでとう。これからもずっと一緒にいようね。太郎」

愛莉の字でそう書かれていた。

愛莉は、病院のロビーにある売店で、お小遣いでカードを買い、ママに気付かれないようにメッセージを書いてくれていたのだった。

とても、嬉しかった。

「愛莉、本当にありがとう。太郎さん、結婚記念日を一緒に過ごせてわたしは幸せだよ。頑張っ

てくれてありがとう」

また一つ、太郎さんに「ありがとう」が伝えられた。本当に幸せだった。

わたしは、このように毎日、まだ生きている太郎さんと会えて、伝えたかった思いをたくさん伝えることができたので幸せだった。あの日、突然太郎さんが倒れ、あのまま逝ってしまっていたら、どれほどわたしは苦しんだことか。

突然の別れが、どれほど辛いかわたしには痛いほどわかっていたので、太郎さんにどうしても会いたいと言ってくれる、太郎さんの大切な仲間に、彼を会わせてあげたいと思った。

彼らは、太郎さんの意識が戻るかもしれないと思っていたかもしれない。

それでも、これまで伝えられなかった思いを太郎さんに直接届けることができ、そこには幸せな魂の交流の時間が流れていた。

それこそ、太郎さんの親友であるNさんも、「太郎に会いたい」と言って、外国から数日後には戻ってきてくれることになっていた。

それを受け、わたしは太郎さんに、

「太郎さん、Nさんも太郎さんに会いたいって言ってくれているよ。あと三日後には帰国できるみたいで、成田空港から直接、太郎さんに会いに来るって、言ってくれているから、太郎さん、がんばってね」

と伝えた。

太郎さんは
「ありがとう、たこぴ。ロジャースに会えるまでがんばるよ」

と言っているようだった。

実際、太郎さんはがんばった。

面会に来られたNさんは、言葉少なげではあったが、「太郎。来たよ」といって、彼の手を優しく握りしめてくれていた。きっと太郎さんも、「ロジャース、ありがとう。約束通り、心臓が動くかぎり、人生を生き抜いたよ」といっていたにちがいない。


太郎さんが会いたかった人は挙げればきりがないと思うが、一通りの面会がかなった頃、わたしはふたたび医師に呼ばれた。

「奥さん。杉村さんは本当によくがんばっています。我々は二~三日が山かと思っていましたが、二週間近くもっている。これは、わたしたちの感覚では奇跡に近いことだとおもっています。これはご主人のがんばりだと思います。ただ、身体血圧や心拍の様子から見て、今週末が山かと思っていますので、お伝えはしておきますね」

わたしは、なんとかなりませんかと医師に喰いさがったが、

「ご主人は、ほんとうによく頑張っていますよ。だから、最期は、お疲れさまといってあげてもいいと思いますよ」

と言われた。わたしは、彼に生きてほしいという一心で、彼がどんなにがんばっているのかを見落としていたのかもしれない。

わたしは、その医師の言葉で、大切なことに気付いたのだった。

彼が死を迎える時には、必ず、彼が自分でもよくがんばったと思えるような逝き方をさせてあげようと思った。


その日、わたしは、太郎さんの母親に医師からの言葉を伝えると、明日、太郎に会いに行きますというメッセージをいただいた。

わたしは、それを太郎さんに、

「明日、マミーがお見舞いに来てくれるからね」

と伝えて病室を後にしたのだった。

母もまた闘病中で、違う病院に入院をしていたが、翌日には姉に付き添われて、車いすで

太郎さんのお見舞いに来てくれた。

そのとき、たまたまわたしは席を外していたのだが、あとから聞いた話によると、母が太郎さんに話しかけたら、太郎さんの目尻から涙が一筋こぼれたというのだ。

その話を姉から聞いて
「本当ですか」

と聞きなおしたが、「確かに、太郎の目から涙がすっと流れた」というのだった。

それを聞いて、わたしは本当にうれしかった。

太郎さんが最愛の母親と、最後にしっかり心をつなげることができたことが、なによりも嬉しかった。太郎さんは、倒れる直前まで母親の病状を心配していた。

腎臓を悪くしていた母に、「マミーには僕の腎臓をあげるから頑張らなきゃいけないんだ」とまで言っていた。わたしは、太郎さんがいかに母のことを心配し、母を愛していたかをよく知っていたから、二人が最後に会えて心をつなげることができたことが、本当にうれしかったのだ。


その翌日である八月二〇日の土曜日のことである。

医師の予言通り、早朝から脈が乱れ始めたとの電話を受けた。

わたしは、真っ先に太郎さんの母と、姉妹、親友のNさんとわたしの両親に連絡を入れて、愛莉と楽を連れて病院に向かった。

自宅で倒れてから十七日間、わたしは、太郎さんとかけがえのない時間を過ごすことができた。この時間は、いままで彼と過ごした時間のなかで、最も尊い時間となったと書くべきかもしれない。

その時間がもっと長くつづくことをわたしは心から祈り願っていたが、この時間を与えてもらえたことで、太郎さんを見送る心の準備はできていた。

病室に到着すると、看護師さんから
「朝お電話した時は脈が乱れ始めていて少し心配したのですが、また杉村さん、がんばってくれているので、大丈夫そうですよ」

と言われた。わたしは、

「太郎さん、来たよ。愛莉も、楽もここにいるからね。一緒にいるよ」

そう話しかけた。

そして、看護師さんに
「待合室で、子供たちに少し飲み物でも飲ませてきますので、何かあったら呼んでください」

そう言って、いったん病室を出た。

ＩＣＵから出て、待合室の自動販売機でジュースを選んでいると、看護師さんが険しい表情であらわれ、

「杉村さん、脈が急に乱れはじめているので、急いで病室に来てください」

といわれた。

今度こそ最期かもしれない。わたしは深呼吸をして、病室に向かった。


病室に入ると、看護師さんがせわしなく動いていた。

太郎さんの心拍が少しずつ落ちているという。わたしは、

「分かりました。ありがとうございます」

そう言うと、看護師さんは、その部屋から出ていかれた。

太郎さんが倒れてから、家族四人になったのは、このときがはじめてだったかもしれない。

わたしは、太郎さんの右手を両手で握りしめ、太郎さんの利き手だった左手を愛莉が握りしめた。そして、楽を太郎さんの枕元に座らせた。

「パパ、愛莉も楽も、ママもここにいるよ。マミーも、佳子も、裕子も、Ｎさんも、グランパも、グランマも、いま、みんなこっちに向かっているからね」

そして、こうつづけた。

「太郎さん、本当に、よくがんばってくれたね。本当に、本当に、本当にありがとう。太郎さんは、わたしたちの大切な宝物だからね。いつも心は一緒にいるからね。太郎さん、愛しているからね……」

この言葉をわたしは繰り返していた。

やがて不思議なほどに、脈がきれいにさがっていき、そして、消えた。

「太郎さん、お疲れさまでした」

太郎さんが聞こえるように言ったが、それは心からの叫びだった。

二〇一一年八月二十日　十時四十六分　太郎さんは亡くなった。

彼は、最期の最期まで、生きようとがんばった。

彼は、自分の命が燃え続ける限り、多くの人の心にメッセージを残していった。

生きる姿を通して、生命の尊さ、生きるという意味を教えてくれた。

わたしは、彼と最期まで寄り添えたことが、どれほど幸せなことかを知っている。

太郎さんが自宅で倒れた時、彼の目の前には胡蝶蘭が咲いていた。

わたしの両親が、七月のわたしの誕生日に贈ってくれた胡蝶蘭が満開だった。

きっと太郎さんは、青空を見つめながら、そして、胡蝶蘭の花を愛でながら、意識が遠のいていったのだろう。

希望を感じながら、さらなる夢を見ながら、意識が遠のいていったのだろう。


わたしは、その胡蝶蘭の花を一つ、枝から切り離して、押し花にした。

そして、いまでも大切に、額に入れて飾っている。

太郎さんの瞳に最後に映っていた花を、わたしはいつまでも近くに感じていたいと思った。

これからきっと太郎さんは、わたしの目を通じて、実現したかった世界が現実に広がっていくのを見ていくことになるだろう。


わたしはその分も、彼の分も生きていかなくてはならないと、心に誓った。

# 最終章　彼が実現したかった世界

【最終講義】

最後の授業。苦しいなかでも情熱を絶やさず、メッセージを絞り出すようにして教壇に立っていた。
まことに、戦って戦って、そののち従容として死を受け入れたと書くに相応しい最期だった。
杉村太郎さんの冥福を祈りたい。（写真キャプション執筆　塩澤幸登）

僕たちは生まれただけで幸せものだ。
誰かのために命をかけないでどうする。
片時も忘れないで欲しい。
どんなにあがこうと、
どんなに苦しんでいる気分に浸ろうと、
僕たちは圧倒的に恵まれている存在であることを。

『アツイコトバ』 93〜94ページから引用

杉村太郎が、亡くなった。

わたしは、二十四歳で彼と結婚し、彼が亡くなるまでの十三年と六日間、日にちで表すと4756日、太郎さんと共に夢をかなえるために、人生をひたすら走り抜けてきた。

わたしの前には、いつも太郎さんの背中があり、その姿についていくことは大変だったかもしれないが、とても充実した、生きている実感がある日々であった。

しかし、わたしたちが走るその路から、突然、太郎さんの姿が消えてしまった。

彼のコトバに
『絶対』を信じられるか信じられないか、それが人間を二種類に分ける」

というものがあるが、わたしがここまで、絶対を信じ、がむしゃらに走りつづけてこられたのは、太郎さんがいてくれたからだったにちがいない。

しかし、太郎さんは亡くなった。

わたしはここからなにをすればいいのか、どう生きていけばいいのか。

しかし、わたしが進むべき路は、太郎さんと過ごす日々を通して彼が見せてくれたうしろ姿が、指し示してくれていた。

わたしは、彼が実現したかった世界を、彼ではできなかった形で実現していく。


彼が一番心残りだったことは、子供たちのことだろう。

太郎さんが逝った時、長女は小学校六年生で、長男は生後七ヵ月だった。

子供たちは幼くして父親を亡くした。

寂しい思い、悲しい気持ちだけでなく、時には父親がいないということで不利なこともあるかもしれない。しかし、彼らには父親が生涯貫いた生き方を教え、彼が実現したかった世界を見せていくことで、

「パパが死んでしまったのは寂しいけれど、だからこんなにがんばれた」

と思ってもらえるように、わたしが太郎さんの分までがんばって育てていこう。

彼の代わりにはなれないが、彼の分も愛情をかけ、強く優しい人になれるように育てていこうと誓っている。


そして、もう一つの心残りが、彼が夢として追い求めていた「より良き社会の実現」である。

この壮大な夢は当然のことながら、彼一人で実現できるものではなかった。

彼は、若者を育て、同志を作り、共に夢に向かって走ってくれる仲間の輪を広げていくこ

とで、その世界の実現を目指そうとしていた。

その彼の夢を共に目指し、いつ死ぬか分からない彼を信じ、彼を励まし支えてくれた仲間たちは、彼の命の恩人以外の何者でもないとわたしは思っている。

彼ががんと分かってからの約六年半を生きられたのは、仲間が彼と一緒に走り、笑い、彼の絶対を信じてくれたからだった。わたしはその仲間たちが、彼がいなくなったことで、ともにみた夢まで失ってしまうことだけは避けたかった。

あの時のわたしになにができるのかは明確ではなかったが、

「会社をつないでいってほしい」

という言葉は、わたしの心奥深くに刻まれていた。

夢の実現に向け、その肉体がもつ限り、魂を燃やしつづけた彼の言葉の重さを、わたしは十分に理解している。

太郎さんは、倒れる直前、

「やりたいことは次々と出てきてきりがないと思うけれど…、うん。やり残したことはない」

と、まるで自分に言い聞かせるように、絞り出すような声で言っていた。

わたしも太郎さんは最期まで、一分一秒を惜しむように生きつづけ、その人生にやり残したことがないよう、全てをやり切って逝ったのだろうと思った。

そして、そんな彼を見送るに際し、みなさんとの最期のお別れをさせてあげたいと思った。

太郎さんの大切にしていたモットーは、

「人のしていないことをする」

「やるなら世界一」

そして、

「大海に出でよ」

であった。

太郎さんは、その四十七年という人生を有言実行で走り抜けたと思う。

彼は「我究館」で、多くの優秀な若者の育成に人生を賭けた。

そして語学コーチングスクール「プレゼンス」では、画期的な語学の習得プログラムを実現させて一人でも多くの日本人が世界に出て活躍し、広く社会に貢献できるよう尽力した。

そして、彼の書き遺した本、『絶対内定』や『アツイコトバ』は、いまでも多くの若者の心に「本気で生きろ」と魂を打ち込みつづけている。

我究館の卒業生で、金融界で目覚ましい活躍をしているSさんが、太郎さんの死を受け、こんなことを言ってくれたという。

「太郎さんが亡くなったことは、日本の国力を失ったに等しい」

太郎さんの指導によって多くの若者が目覚ましい活躍をするようになっていった。

彼を中心に、同志の絆は絶大な力になろうとしていた。Sさんの発言は、その中心にいた太郎さんの存在がなくなったことの衝撃の大きさを表しているのだと思う。しかし、彼は自分にしかできないことはやり遂げ、それを見届け、わたしたち一人一人にバトンを渡して逝った、とわたしは信じている。

太郎さんは、最後、みんなに「ありがとう」、そして「あとは、頼むぞ」と伝えたかったのではないかと思うのだ。

杉村太郎のお葬式は青山葬儀所で、八月二十五日に通夜、二十六日に告別式をおこなった。通夜、告別式には、わたしが思っていた以上に多くの方が駆けつけて来てくださった。

幸運にも通夜も告別式も天気に恵まれた。

告別式のあと、火葬場に向かう車のなかで、わたしは位牌を抱えながら空を見つめていた。すると、出棺の時までは青空が広がっていた空が、瞬く間に暗雲に覆いつくされ、いまにも雨が降り出しそうになっていた。

告別式は2011年8月26日に青山斎場で行われた。沢山の人びとが集まり、死者の遺徳を偲ぶ長い葬列ができた。若い人たちの姿が目立ったが、みな教え子たちだったのだろうか。
参列した人びとには太郎からの餞別としてみんなに一冊ずつ、『アツイコトバ』が配られた。

火葬場に到着すると、大粒の雨が、ぽつりぽつりと降り始め、わたしは急いで建物のなかに駆け込んだのを覚えている。そして、太郎さんのお棺が火葬炉に入る時、お坊様のお経が一瞬かすむくらいの音量で雷の割れるような音が響いたことを明確に覚えている。

外は、土砂降りだった。

あとから聞いた話だが、ちょうどその頃、私たちの自宅近くに雷が落ちたとのことだった。告別式に来てくれていたわたしの友人が帰宅し、激しく降る雨を眺めながら、

「そろそろ太郎さんの火葬が始まる頃かな」

と言っていたのだという。

その時、突然、雷の割れるような音が鳴り響き、雷が近くに落ちたのだ。

そして、その地域は停電したというのだ。

そのあと、太郎さんが火葬に入った直後に、雷鳴がとどろくなかで、わたしの父が、

「貴子、太郎くんは龍だったんだね。勢いよく空に昇っていったんだね」

と言い、つづいて、

「この雷は、太郎君がみんなに『ありがとう』と感謝を伝えているんだよ」

と言った。

わたしは、この雷を恐怖のように感じていたので、その言葉に救われた。

太郎さんが学生時代に海で遭難しかけた時、龍が出てきて命を救ってくれた、と話していたことを思いだし、〈そうか、喜んで、みんなに感謝して空に帰っていったのか〉と思った。

そう思うととても心穏やかな気持になれた。

その後、わたしたちが火葬場をあとにするときには、再び青空が広がっていた。

昨日まで会話こそできなかったが、会いに行けば待っていてくれた太郎さんがいなくなり、葬儀の終わったあと、わたしの心は無になっていたように思う。

わたしは、自分の悲しみを外に見せないよう努めていたつもりだったが、あとから娘にきいたところによると、気が付けば仏壇の前に座り、太郎さんに話しかけながら涙を流していたという。

そういう記憶が自分にないことからしても、わたしの心は無に近かったのかもしれない。

その後もしばらく、悲しさと寂しさが、別々の波になって押し寄せてくる感じがしていた。

わたしは、太郎さんの主治医だったお医者様と連絡を取り、御礼のご挨拶に病院に伺うことにした。同時に、わたしは、太郎さんが信頼していた主治医に会うことで、わたしの知らない太郎さんを知ることができるのではないかという気もしていた。

少しでも彼に近づきたい、そんなふうに思っていた。

約六年半前、当時すがるような気持で、初めてこの病院に足を踏み入れた日のことが懐かしく思い出された。どんな絶望の淵に立たされても、太郎さんの闘う姿から、わたしも前に進む勇気をもらっていたのだなと感じられた。

もう、太郎さんはいない。

本当の意味で一人で階段を上ることが、これほど寂しいことかと感じられた。

二階にある頭頸部腫瘍センターの前に立った時、これまで、何十回も通ったこの病院が、まるで別の場所のように感じられた。

「杉村です。夫がお世話になりました」

受付でそう言うと、待合室の席に通された。

それほど待たされることなく、名前を呼ばれて診察室にはいった。

「先生。この度は、大変お世話になりました」

太郎さんが自宅で倒れたとき、一刻を争う重篤な状態であったので、高度救急医療センターを持つ第三次救急医療機関に搬送されたのだった。そして、そのままその医療機関で最期を迎えていたので、彼が倒れて以降、主治医と会うのはこの時が初めてであった。

ここで、わたしは、主治医になにが聞きたかったのだろうか。

わたしの知らない病状や、太郎さんがどれだけ病と闘ったかを知りたかったのか。

いや、そうではない。

わたしは、がん患者本人ではないものの、共に病と闘っていた当事者だったのだ。

だから、太郎さんが亡くなっても、なにかが突然止まるのではなく、わたしの心は、行き場を失い、さ迷っていたのかもしれない。

主治医はそんなわたしを見て、こう言ってくれた。

「杉村さん。太郎さんは、本当によく頑張りましたよ。わたしたちが当初思っていたよりもずっと長い期間、がんばって生き抜いたとわたしは思っています」

何度も書くが、原発不明癌という希少がんで、さらに、悪性度の高い進行がんだった太郎さんの五年生存率は一けただった。

それを七年半生きた。倒れる数ヵ月前には、東日本大震災のあと、福島のボランティアにも参加していた。

そして、倒れる一週間前まで、『絶対内定』を執筆し、前日には会社の経営計画発表に参加するなど、最期の最期まで、全力で走り抜けていた。

医師はこうつづけた。

「今年の五月頃だったかな。お知り合いの方の紹介で、杉村さんは再び生きる希望を見つけられたのではないですか。彼にとってきっと、それからの最後の二ヵ月間は希望にあふれた、かけがえのない時間を過ごせたのではないかと思っていますよ」

わたしは、その言葉にはっとさせられた。

涙があふれた。

生きる希望、それはたぶん、倒れた日に始まる予定であった、がん細胞の遺伝子解析による臨床試験のことだろう。

五月のゴールデンウィークのころ、余命を宣告された太郎さんは寂しそうな表情を見せていた。受けられる治療もなく、生きる路を閉ざされ、彼の生きたいという魂は行き場を失いさ迷っていたのだろう。そんな時にふたたび生きる可能性を示されたことで、

「たこぴ、これで生きられるよ」

と無から希望の光を見つけ出したのだった。

もう一度生きようとしていた太郎さんは、それまでの彼とは別人であった。

彼は、最期の二ヵ月、その死に至る最期の最期まで、生きる希望を感じながら、魂を燃やしつづけることができたのだ。

太郎さんは、彼の望むように人生を全力疾走できた。だから、最期に、

「やりたいことは次々と出てきてきりがないと思うけれど…、うん。やり残したことはない」

そう言えたのだ。

この医師の言葉を聞いて、初めて、わたしの長い闘病生活も終わったと思った。

彼は、彼らしく、生きることができた。

彼が最初に手術を受け、退院する時、手元のラグビーボールにこう書いた。

「ガンになってよかった、と思える人生を送る。二〇〇五年　五月　退院記念」

この宣言通りに、彼は彼の人生を生きられたのだと思った。

太郎さんは自らの命が燃えつづける限り、彼の生きる姿を通して、多くの若者の心に、それぞれの人生をひたむきに生きるためのメッセージを打ち込んでいった。

その若者のうちの一人が、わたしなのかもしれない。

「たこぴ、いまからなにをしますか。

選択は、既に始まっている。

僕も誓います。全力疾走することを。きみは？」

わたしは、太郎さんと掲げた夢を取りさげることはしない。

太郎さんから受け取ったバトンを落とさないように全力で走るから見ていてほしい。

そして、わたしの役割が終わって、そのバトンを次の誰かにわたすときがきたら、太郎さん、褒めてください。

わたしも誓います。全力疾走することを。


（終わり）

# あとがき

【散骨】

杉村太郎は海が大好きだった。
妻の貴子は、海こそ彼の故郷なのではないかと思って散骨を決意したのだという。
2012 年 8 月の一周忌に家族、親しい友だち、我究館、プレゼンスの関係者、昵懇にしていた仲間たちに横浜港に集まってもらって、太郎の遺骨の一部を海に帰した。
この日はよく晴れた、空の青と海の青、白い雲のコントラストが美しい一日だった。

がら生きていたようだった。

そんなわたしに、大きな転機が訪れたのだった。


太郎さんが「我究」という自分なりの哲学を一冊の本にまとめたいと心を震わせていた二十九歳の時に、「一緒に本を作ろう」といってくれた、塩澤幸登さんとの再会であった。

太郎さんが師と仰いでいた塩澤さんと話すたびに、わたしも、太郎さんの生きた証を残したいと強く思うようになっていった。


人は死んだら何を残すのだろうか。

わたしは、太郎さんの死を通して、こう考えるようになった。

人は、魂を残す。

その魂とともに、人生をかけ抜けるなかで残したエネルギーや、教え、愛や、コトバは、永遠に私たちの心のなかで生きつづけると思うのだ。

杉村太郎も、彼の人生を通して多くのコトバを残していったが、そのコトバは、彼が人生を通して経験し、傷つき、それを乗り越えるごとに、自然と湧き上がってきた言葉なのだと思う。そんな太郎さんと過ごした日々は冒険のようで、波乱万丈なものであったが、〈人生はなにごとにおいても、最後はプラスマイナスゼロになっている〉と聞いたことがあった言葉の通り、彼も最期に多くの幸せを置いていってくれた。

この試練の日々があることを知ったうえで、もう一度人生をやり直せると言われたら、わたしは迷わず、もう一度太郎さんと人生を歩みたいというだろう。

そして今度こそは、二人で夢を実現させ、共白髪となった太郎さんの横顔を眺めていたい、そう思っている。

今回、わたしはこの本を書き綴りながら、過去の思い出の封印を解くなかで、太郎さんがわたしに残していったメッセージを受け取ることができたと共に、これまで多くの方に支えていただいた有り難さをあらためて深く感じました。この場をお借りして、医師の皆様、恩師、先輩方、我究館の皆様、プレゼンスの皆様、会社の仲間、友人、そしてこの本を書くに際し応援してくださった皆様と家族に、感謝の意を表します。

そして、茉莉花社の塩澤幸登さんには、本を書くことが初めてであったわたしに、丁寧なアドバイスで最後まで導いてくださり、本当にありがとうございました。

この本を手に取られたそれぞれの方が、生きることの尊さを感じてくださり、かけがえのない人生を愛しく大切に生きていってくださることを切に願っています。

その魂は、
誰かの心に生きつづけ
誰かの生きる力となっていくことを忘れずに…。

杉村貴子